湖南拙岩摩崖石刻

周 欣 /著

商务印书馆
创于1897 The Commercial Press

商務印書館（上海）有限公司　出品
The Commercial Press (Shanghai) Co. Ltd.

　　周欣，湘南学院副教授，湖南省濂溪学研究会副会长。在《学海》《湖南大学学报》《朱子学研究》等刊物发表学术论文40多篇，主持国家社会科学基金项目、教育部人文社会科学研究项目等省部级项目9项，多次获得哲学社会科学成果奖。

序

张京华

摩崖石刻研究自宋代以来始终是学术前沿。

古代石刻可以分为墓志、石经、佛教造像题名、法帖、摩崖等若干大类。各类石刻的学术价值，都有其各自不同的倾向，墓志以史学为主，石经以经学为主，佛教造像题名以宗教为主，法帖以书艺为主，摩崖石刻则以文学为主。

摩崖又作磨崖，"就其山而凿之，曰摩崖"（冯云鹏《金石索》）。摩崖石刻起源极早，管仲曰："古者封泰山、禅梁父者七十二家，而夷吾所记者十有二焉。"秦始皇诸刻石，有立石，有摩崖，至今尚有存者。（有学者认为远古岩画也属摩崖。）

佛教造像题名也多为摩崖，除此以外，文人学士的摩崖石刻遍布海内。汉有"摩崖三颂"（《西峡颂》《郙阁颂》《石门颂》），唐代则以元结所作、颜真卿所书《大唐中兴颂》为最，乃至中古而下，"摩崖碑"成为《大唐中兴颂》的专名。王士祯《带经堂集·摩崖碑》"有客新自湘江归，登堂示我浯溪碑"，即指此而言。

湖广湘漓一线，自古为荆楚至岭南的水路通道，加以水石清秀，流寓者多，因此，国内现存古代摩崖石刻以湘南永州与桂北桂林最为密集。浯溪碑林现存500余通，号称"南国摩崖第一"。桂海碑林仅宋刻达130余通，"壁无完石"，号称"唐宋题名之渊薮"。桂林摩崖石刻现存总量将近2000通，永州摩崖石刻现存总量不完全统计为1713通。故而合湘漓而论，中古以下之摩崖石刻真可谓是粲然萃聚，海内无两。

湖南永州的摩崖石刻呈现着清晰的阶段性，即唐代创始，宋代流衍，明代追慕，清及近代研究。

元结先后两任道州刺史，跨越 10 年。道州今为永州道县。元结为唐代古文运动之先驱，其在永州所作诗文，有"十九铭一颂"，多予上石。欧阳修《集古录》云："《大唐中兴颂》，元结撰，颜真卿书。书字尤奇伟，而文辞古雅，世多模以黄绢为图障。碑在永州，摩崖石而刻之。"此后名家品评不断，由是名声大著。今湖南永州境内，浯溪、阳华岩、朝阳岩，均为元结开辟，而月岩、澹岩、玉琯岩、月陂未始不受元结影响，7 处摩崖石刻均为全国重点文物保护单位。

"北宋迁谪名流，大半途出湖南。"（柯昌泗《语石异同评》）两宋是中国文治的顶峰，而党争亦持续不断。永州名曰楚南，实邻五岭，是贬逐官吏的重要场所。流寓的名臣，有邢恕，范纯仁，黄庭坚，邹浩，汪藻，苏轼、苏辙兄弟，范祖禹、范冲父子，张浚、张栻父子，杨万里、杨长孺父子，胡安定、胡寅父子，蔡元定、蔡沈父子等。永州又处潇湘之会，"无土山，无浊水"，清湘数丈，历历见底，江岸又多奇岩白石，最宜镌刻。"残腊泛舟何处好，最多吟兴是潇湘。"于是凡贬谪者往往多名篇佳作，"一到潇湘必有诗"矣。

明代文官书卷气最重，府县官佐人人皆似理学家，以文载道，移易风俗。尤其正德以后，历任永州知府曹来旬、何诏、吴永祯、黄焯、唐珤、范之箴、陈天然、钱芹、丁懋儒，大多能诗工文，所在修建书院，推崇先贤遗绪，往往刻石纪咏。曹来旬创建元刺史祠，唐珤扩建为寓贤祠，丁懋儒开辟朝阳岩零虚山。黄焯编纂《朝阳岩集》《澹岩集》《浯溪诗文集》，唐珤著《唐永州集》三卷；钱芹著《钱永州集》八卷，"其学出自湛若水，后乃改从王守仁，故于姚江一派，推挹颇深"。所谓"寓贤十贤"元结、黄庭坚、苏轼、苏辙、邹浩、范纯仁、范祖禹、张浚、胡铨、蔡元定，均为唐宋名流，而以理学人物居多，明人皆表彰追慕之。

清代朴学大盛，于是承两宋金石学而张大之。如王昶《金石萃编》、瞿中溶《古泉山馆金石文编》、陆增祥《八琼室金石补正》、宗绩辰《留云庵金石审》、叶昌炽《语石》，以及近代柯昌泗《语石异同评》、杨殿珣《石刻题跋索引》，往往取材得力于永州摩崖。瞿中溶两游浯溪，三宿中宫寺。宗绩辰寓零最久，自署"十三年潇上寓客"。"危崖绝巇，人迹不到之区，赢粮裹毡，架梯引组，然后得之。"（叶昌炽《语石》）

摩崖石刻体现着多种学科交叉的方法与范式。其所涉及的学科，有史学、文学、哲学、文物考古学、文献学、文字学、书法艺术、民俗学等。仅就文献方面而论，除一般史部著作之外，又更涉及历代金石著录、地方志、总集别集若干大类。2009 年末，予带诸生考察朝阳岩，新见唐人张舟《题朝阳岩伤故元中丞》诗刻，遂撰文考论安南都护张舟本事，更正赵明诚《金石录》，并更正《全唐诗》，补正《全宋诗》，补辑陶岳《零陵总记》，辨伪陆龟蒙《零陵总记》，进而校注黄焯《朝阳岩集》孤本，辑校宗绩辰《留云庵金石审》佚稿，最后申论"元结与永州水石文化"。诸生著《零陵朝阳岩小史》《零陵朝阳岩诗辑注》，予复与诸生合著《朝阳岩石刻释文考证》。其后曾为国学读书会讲座，题为"1 个石刻引出 12 个问题"。

叶昌炽《语石》："今人见题名，或称之为摩崖，不知摩崖不皆题名也。即桂林诸山，诗、赋、赞、颂姑无论，唐宋《平蛮》诸碑、韩云卿《舜庙碑》，非巍然巨制乎？"由各类石刻宏观而论，摩崖最突出之处在于文学、诗学，可谓"石刻上的文学史"（李花蕾《石刻上的文学史：唐宋文人在湖南的仕宦游历与诗文题记——以永州为中心》）。但文学的内在核心，又为哲学、理学。题名与诗、赋、赞、颂所依托的，无非是石灰岩的冰冷死体，而在它的表象背后，却是文人群体的有生命的创造，体现着"从水石到人文"的创兴转化。

永州的摩崖石刻，遗存完整，成线成片。据清陆增祥《八琼室金石补正》，永州摩崖石刻景地有 26 处：含晖岩、窊樽、九疑山、阳华岩、寒亭、朝阳岩、浯溪、华严岩、钴鉧潭、群玉山、澹岩、火星岩、九龙岩、三门洞、暖谷、石角山、幽岩、五峰岩、肖岩、狮子岩、万石山、月岩、柳岩、乌符山、驾鹤峰、自然屏。

另据永州市文物处 2006 年统计，摩崖石刻景地又有零陵福仙岩、冷水滩黄阳司，祁阳雷泽洞、栖真岩、隐仙岩，东安沉香庵、诸葛岭，双牌渠清岩，宁远逍遥岩、象岩、无为洞、飞龙岩、紫霞岩，道县中郎岩、状元山、龙珠洞、华岩，江华秦岩、宝山岩，江永层岩、月陂、麒麟岩、同岩。

这些摩崖景地，各具特色。

浯溪以"大唐中兴"为主题，兼及后人对元结的纪念。《大唐中兴颂》自唐人皇甫湜已有品题，宋人黄庭坚、范成大、洪迈、岳珂、米芾、李清照以下，各有诗文议论。

阳华岩以元结《阳华岩铭》为主题，铭文仿《正始石经》，以大篆、小篆、隶书三体书写，最为复古。

朝阳岩由《诗经·大雅·卷阿》"凤凰鸣矣，于彼高冈。梧桐生矣，于彼朝阳"得名，元结又作《朝阳岩下歌》云"荒芜自古人不见，零陵徒有《先贤传》"，追慕汉魏先贤，后人遂以先贤、寓贤为主题。

月岩在道州，近濂溪故里，故其主题为周敦颐、理学、《太极图说》。今存摩崖 63 通，以南宋淳熙赵汝谊题刻为最早。旧称穿岩，后别称太极岩，石刻榜书有"广寒深处""清虚洞""风月长新""如月之中""浑然太极""豁然贯通""道在其中""理学渊源""参悟道真""悟道先迹""乾坤别境""浑涵造化""鸿濛一窍""先天道体""上弦月""下弦月""望月""月岩""太极岩"等。

澹岩有巨型溶洞与山体天坑相连，背山面河，气势恢宏，景致幽邃，又有周贞实避秦乱遁居之说，故主题为叹美奇景与栖隐。黄庭坚有《题澹山岩二首》诗刻，称"闻州城南果何似，永州澹岩天下稀"。祝穆《方舆胜览》称："澹岩石壁削成万仞，旁有石窍，古今莫测其远近，目之者有长往之意。"道光《永州府志》称："去城南二十五里，有岩奇奥，为永州冠。"卢崇耀《游澹岩记》称："永州多山水游观之美，而澹岩尤为奇绝。"

玉琯岩在九疑山，有南宋方信孺"九疑山"大字榜书，以及复刻蔡邕《九疑山铭》，故其主题为纪咏帝舜。

十分可惜的是，近60年来，永州摩崖石刻遭人为破坏不少。

澹岩因设厂建楼，大半被毁。岩中原有宋人石刻多达100余通，内有宋黄庭坚诗刻、周敦颐题名、柳应辰《澹岩记》、张昭远《祷雨诗》、宋迪题名等，现全部石刻仅存33通。

其余如华严岩、群玉山、火星岩、石角山、息影岩，全部荡然无存。

华严岩在城内府学旁，原有唐柳宗直题名、刺史李坦题名、宋汪藻榜书、邢恕诗刻、柳拱臣题名、周敦颐题名，东门岭居委会在岩侧办石灰厂，取石烧灰，全部被毁。

群玉山有宋解舜卿题名、李士燮与柳应辰题名。《永州府志》曰："由零虚山后西南，过小白冈，白石磊磊，罗布冈下，曰群玉山，距河以西二里。石上刻诗记甚多。"因修建东风大桥，为取石料，将岩全部炸毁。

火星岩有宋程博文与邢恕题名、柳拱臣与尹瞻联句诗、李士燮与柳应辰题名、董居谊记并诗。《明一统志》云："石壁所镵先贤题识，高下鳞次，穷日之力乃能尽阅。"因村民采石烧石灰，全部被毁，今废弃窑址尚在。

石角山有宋邢恕《小隐洞记》项卫题名等，唐柳宗元曾作《游石角过小岭至长乌村》五古长诗。《湖南通志》云："石角山在零陵东北十里，山有小洞，极深邃。""连属十余小石峰，奇峭如画。"至2002年，零陵修建日升大道，村民炸山采碎石以铺路，毁其大半，后经呼吁停止。今仅存宋刻1通，在垠地中山城楼盘包围中。

息影岩，别称小朝阳岩，清代杨翰开辟，取义陶渊明《停云》诗"翩翩飞鸟，息我庭柯"，作《息园记》，并建清晖阁、澹虑亭于其上。黄佳色《息景岩记》称："由袁家渴溯流而上即新岩，岩临潇水，与朝阳相仿佛。然朝阳敞，新岩僻；朝阳光豁百里，新岩幽隐一潭；朝阳如李青莲醉赋《清平》神采焕发，新岩如班婕妤独吟《长信》意态绰约。"杨翰别号息柯居士，所居名为"息园"，咸丰间任永州知府，能诗，工书法，精研石刻，著有《粤西得碑记》。"文革"中，红卫兵在此储存火药，不幸爆炸，人岩俱毁。

拙岩的特色与众不同。虽然濒临江干，水石依旧，但是拙岩晚至明代方始开辟，开辟者亦非府县官佐或流寓文人，而是零陵乡贤沈良臣。良臣兄良佐，官至广西左参政，良臣本人未尝出仕，与友朋结诗社，拙岩乃是诗社吟咏之地。沈良臣有诗集，即题名《拙岩集》，则拙岩亦可视为他的别号。可惜《拙岩集》早已佚去，那么时隔500年后发现的拙岩沈良臣诗词石刻16首及和韵8首，大致可以视为《拙岩集》的部分复原。

拙岩石刻中，有一通最长石刻约2.7米，上有小字密书，当是沈良臣较早上石的诗作，惜在洞外江岸渔矶区，磨泐严重，不可识读。

除此之外，目前所见石刻总数共计32通。其中诗词类26通，记文类2通，题记类2通，榜书类2通。诗词类约占石刻总数的81%。

沈良臣本人的诗词共16通，其他明人诗刻8通，全部为和沈良臣诗韵，二者合计共24首。

记文、题记、榜书，均明清各1通。清诗2通，均为唐九龄所作，其中《拙岩八景诗》1通内有五言绝句8首。

沈良臣诗词中，有拙岩写景诗词9通（《摸鱼儿·春江坐钓》《月艖小隐》《茅亭坐雨漫兴》《濓滩庄屋书事》《拙岩成偶书》《江畔闲□》《崖阴避暑》《临流洗砚》《石台坐钓》），洞庭写景1通（《洞庭清兴》），春词2通（《春怨行》《游仙词次韵》），唱酬4通（《寄南岳高秋谷先生》《寄周西庵　同》《登南岳次韵》《柬严少卿》）。

拙岩之得名，取义周敦颐《拙赋》，"天下拙，刑政彻，上安下顺，风清弊绝"，这是它的义理内涵。而拙岩的表象，所谓"其旨远，其辞文""心生而言立，言立而文明"，全在于文学一端，是非常明显的。这是拙岩有别于其他摩崖景地的特色所在。

目　录

一

拙岩摩崖石刻著录与校注

《寄南岳高秋谷先生》诗石刻

1. 寄南岳高秋谷先生 ①

江东秋谷老，早年承武功。
挥戈建勋业，挂冠从赤松 ②。
携徒二三子，采真衡山中。
鸿宝炉中丹久熟 ③，景览东南诗满窟。
祝融峰前云吐吞 ④，称此张良能避谷 ⑤。
醉来戏鹤狂且颠，天风两袖舞扁迁 ⑥。
回首红尘两相隔，桑田沧海几更迁 ⑦。
爱崔仙 ⑧，开笑口，顾我屑屑徒奔走。
一朝跳出火坑来 ⑨，七十二峰同握手 ⑪。

西庄隐人书 ⑫

【解题】

诗为歌行体，五言、七言、三言叠错，平声、仄声转韵。

【校注】

①高秋谷：名字、生平不详。秋谷当是其号。由诗中"武功""挥戈""赤松"等语可知，其人早年从军，后归隐于衡山。

②赤松：赤松子，古仙人。《史记·留侯世家》："愿弃人间事，欲从赤松子游耳"。

③鸿宝：道教修仙炼丹之书。《汉书·刘向传》："上复兴神仙方术之事，而淮南有《枕中鸿宝秘书》。"鸿宝炉，此指炼丹炉。

④祝融峰：衡山最高峰。明弘治《衡山县志》："祝融峰在崇岳乡第六都岳山后。昔炎帝之世，诸侯祝融君游息之所，因名。"清《嘉庆重修一统志》："祝融峰在衡山县西北三十里，乃七十二峰最高者。"

⑤ 张良：汉初名臣，佐刘邦得天下，封留侯。辟谷，不食五谷。《史记·留侯世家》："乃学辟谷，道引轻身。"

⑥ 扁迁：同"蹁跹"。

⑦ 沧海：二小字，补刻在"桑田"右下角。《神仙传》："麻姑谓王方平日：'自接侍以来，见东海三为桑田。'"

⑧ 爱崔："崔"同"鹤"。传仙人多骑鹤，故云。《文选》晋孙绰《游天台山赋》："王乔控鹤以冲天。"唐皎然《寄路温州》："爱鹤颇似君，且非求仙情。"

⑨ 跳出火坑：道教术语。《道藏辑要》唐吕嵓（吕洞宾）《语录大观·云巢精舍语录》云："入门'性命'二字不可偏废，只要刀快，跳出火坑，撇下生死，斩断私欲。私欲不斩而修道，犹盗在家而反闭其门也。"

⑩ 七十二峰：《明史·地理志》："衡山，有七十二峰、十洞、十五岳、三十八泉、二十五溪、九池、九潭、九井，而峰之最大者日祝融、紫盖、云密、石廪、天柱，惟祝融为最高。"同握手：宋魏了翁《水调歌头·燕甲戌进士归自都城》："试与公，同握手，上春台。"

⑪ 西庄隐人：沈良臣别号。

《寄周西庵^同》诗石刻

2. 寄周西庵① 同

泉石同君学隐翁，几年孤负几樽同②。
濂溪兴好谁同赏③，谢草情同梦亦通④。
同社登庸疏下问⑤，斯文同契擅高风。
何当一笑同携手，剪灭同窗烛影红⑥。

西　庄

【解题】

诗为七言律。题下有小字"同"，为分韵得"同"字之意。

【校注】

①周西庵：名字、生平不详，西庵当是其号。据诗文"同社"之说，周西庵当为零陵乡贤，与沈良臣同结诗社。

②孤负：今通作"辜负"。

③濂溪兴：濂溪，周敦颐，字茂叔，故里傍濂溪，学者称濂溪先生。宋度正《濂溪先生周元公年表》："濂溪在营道之西，距县二十余里。""濂溪兴"言濂溪先生之兴致。《二程遗书》："周茂叔窗前草不除去，问之，云：'与自家意思一般。'"此处以濂溪暗指周西庵。

④谢草：《南史·谢惠连传》："年十岁能属文，族兄灵运加赏之，云：'每有篇章，对惠连辄得佳语。'尝于永嘉西堂思诗，竟日不就，忽梦见惠连，即得'池塘生春草'，大以为工。常云：'此语有神功，非吾语也。'"后遂以"谢池草"为怀弟之典。此处暗指沈良佐。

⑤登庸：晋用。登，晋升。庸，任用。《尚书·尧典》："帝曰：'畴咨若时登庸。'"此当指科举中式或任命新职。下问：句下有"嘲野西"三小字，野西当为某人之号。

⑥二句化用唐李商隐《夜雨寄北》："何当共剪西窗烛，却话巴山夜雨时。"

《春江坐钓》词石刻

3. 春江坐钓

玩湘江、雨添新涨，碧波皱微风起。正水暖、游鱼初戏，出没平沙洲嘴。客棹舣[①]，往来频、有时惊散无停止。天气融和。值浮萍点绿，岸桃舒绮，此景谁知矣。

推篷坐，闲把长竿料理，不让志和烟水[②]。投纶钓得锦鳞来，步月前村沽醑。君莫喜，君不见、古今权位皆香饵。朝黄暮紫[③]。但玉带金鱼[④]，难同蒉笠，小隐月艇里[⑤]。

右调《摸鱼儿》

沈西庄

【解题】

词牌《摸鱼儿》，一名《摸鱼子》，又名《买陂塘》《迈陂塘》《双蕖怨》，本为渔歌，后入教坊。双调，116字。上阕10句，六仄韵。下阕11句，七仄韵。清陈廷焯《白雨斋词话》："陶九成云：'近世所谓大曲，苏小小《蝶恋花》、苏东坡《念奴娇》、晏叔原《鹧鸪天》、柳耆卿《雨霖铃》、辛稼轩《摸鱼子》、吴彦高《春草碧》、蔡伯坚《石州慢》、张子野《天仙子》、朱淑真《生查子》、邓千江《望海潮》。'按：其中惟稼轩《摸鱼子》一篇，为古今杰作。"

【校注】

①舣：停泊。

②志和：张志和，初名龟龄，字子同，号烟波钓徒，又号玄真子。唐会稽人，一说婺州人。唐张彦远《历代名画记》："张志和，字子同，会稽人。性高迈不拘检，自称'烟波钓徒'，著《玄真子》十卷。书迹狂逸，自为渔歌，便画之，甚有逸思。"元辛文房《唐才子传》："十六擢明经，尝以策干肃宗，特见赏重，命待诏翰林，以

亲丧辞去，不复仕。居江湖，性迈不束，自称'烟波钓徒'。撰《玄真子》二卷，又为号焉。兄鹤龄恐其遁世，为筑室越州东郭，茅茨数椽，花竹掩映，尝豹席棕屩，沿溪垂钓，每不投饵，志不在鱼也。观察使陈少游频往候问。帝尝赐奴、婢各一人，志和配为夫妇，号渔童、樵青。与陆羽尝为颜平原食客，平原初来刺湖州，志和造谒，颜请以舟敝，欲为更之，曰：'愿为浮家泛宅，往来苕霅间足矣。'善画山水，酒酣或击鼓吹笛，舐笔辄就，曲尽天真。自撰《渔歌》，便复画之，兴趣高远，人不能及。宪宗闻之，诏写真求访，并其歌诗，不能致。后传一旦忽乘云鹤而去。"

③朝黄暮紫：黄、紫皆官员服色。《新唐书·马周传》："品官旧服止黄紫，于是三品服紫。"

④玉带金鱼：古代贵官服饰，宋三品以上服玉带、金鱼带。唐韩愈《示儿》："开门问谁来，无非卿大夫。不知官高低，玉带悬金鱼。"

⑤小隐：即隐居。晋王康琚《反招隐》诗："小隐隐陵薮，大隐隐朝市。"《南史·何点传》："字子晰，年十一，居父母忧，几至灭性。及长，感家祸，欲绝昏宦，尚之强为娶琅邪王氏。礼毕，将亲迎，点累涕泣，求执本志，遂得罢。点明目秀眉，容貌方雅，真素通美，不以门户自矜。博通群书，善谈论。家本素族，亲姻多贵仕。点虽不入城府，性率到，好狎人物。遨游人间，不簪不带，以人地并高，无所与屈，大言蹉跎，公卿敬下。或乘柴车，蹑草屩，恣心所适，致醉而归。故世论以点为'孝隐士'，弟胤为'小隐士'，大夫多慕从之。"

《登南岳次韵》诗石刻

4. 登南岳次韵

雄镇东南此最尊，巨灵开辟自前论^①。

八千万境眼空阔，六百二州势独吞。

啸震海鳌摇地轴^②，坐凭星斗问天孙^③。

振衣借得风霆力^④，直叩天阍次第扪^⑤。

沈西庄

【解题】

诗为七言律。所次之韵不详。

【校注】

①巨灵：河神。《昭明文选》汉张衡《西京赋》："桃林之塞，缀以二华。巨灵赑屃，高掌远蹠，以流河曲，厥迹犹存。"三国吴薛综注："华，山名也。巨灵，河神也。巨，大也。古语云：此本一山，当河水过之而曲行，河之神以手擘开其上，足蹋离其下，中分为二，以通河流。手足之迹，于今尚在。赑屃，作力之貌也。"唐李善注："《遁甲开山图》曰：有巨灵胡者，偏得坤元之道，能造山川，出江河。"

②海鳌：《淮南子·览冥训》："于是女娲炼五色石以补苍天，断鳌足以立四极。"地轴：《昭明文选》南朝宋鲍照《芜城赋》"柂以漕渠，轴以昆岗"，注引《河图括地象》："昆岗之山，横为地轴。"又，晋木华《海赋》"又似地轴，挺拔而争回"，注引《河图括地象》："地下有四柱，广十万里，有三千六百轴。"《太平御览》引《河图始阖图》："昆仑之山为地首，上为握契，满为四渎，横为地轴，上为天镇，立为八柱。"

③天孙：《史记·天官书》《汉书·天文志》："婺女，其北织女。

织女，天女孙也。"

④振衣：谓君子能洁其身。《荀子·不苟》："新浴者振其衣，新沐者弹其冠，人之情也。"《楚辞·渔父》"新沐者必弹冠，新浴者必振衣"，汉王逸注："去土秽也。"汉王粲《七释》："濯身乎沧浪，振衣乎高岳。"晋左思《咏史八首》："振衣千仞岗，濯足万里流。"

⑤天阍：天帝守门之臣。《楚辞·远游》："命天阍其开关兮，排阊阖而望予。"

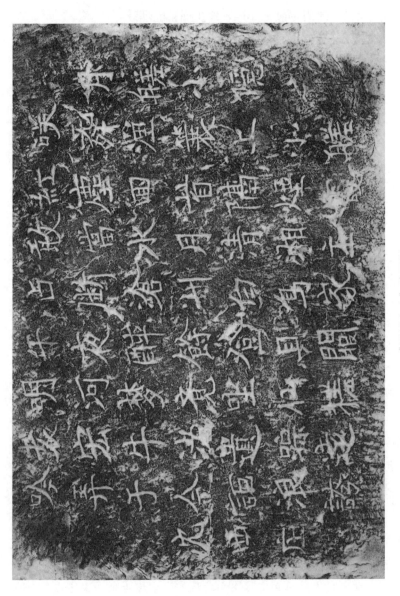

《月艇小隐》诗石刻

5. 月艖小隐

笑舞渔蓑上小艖，红尘回首隔烟霞。

敢当水月清湘主，占断沧洲白鸟家。

午夜醉余登贝阙^①，明河梦觉坐仙槎^②。

袁宏牛渚遗踪远^③，吟弄于今讵浪夸。

沈西庄

【解题】

诗为七言律。此诗有和者，详见 15。

【校注】

① 贝阙：《楚辞·河伯》"鱼鳞屋兮龙堂，紫贝阙兮朱宫"，汉王逸注："言河伯所居，以鱼鳞盖屋，堂画蛟龙之文，紫贝作阙，朱丹其宫，形容异制甚鲜好也。"

② 仙槎："槎"又作"查"。晋张华《博物志》："旧说云天河与海通，近世有人居海渚者，年年八月有浮槎，去来不失期。人有奇志，立飞阁于查上，多赍粮，乘槎而去。十余日中，犹观星月日辰，自后芒芒忽忽，亦不觉昼夜。去十余日，奄至一处，有城郭状，屋舍甚严，遥望宫中，多织妇。见一丈夫牵牛渚次，饮之。牵牛人乃惊问曰：'何由至此？'此人见说来意，并问：'此是何处？'答曰：'君还至蜀郡，访严君平则知之。'竟不上岸，因还如期。后至蜀，问君平，曰：'某年月日，有客星犯牵牛宿。'计年月，正是此人到天河时也。"

③ 袁宏牛渚：用袁宏、谢尚典故。袁宏字彦伯，小字虎，时称袁虎，东晋陈郡阳夏人。《晋书·文苑传》："宏有逸才，文章绝美，曾为咏史诗，是其风情所寄。少孤贫，以运租自业。谢尚时镇牛渚，

秋夜乘月，率尔与左右微服泛江。会宏在舫中讽咏，声既清会，辞又藻拔，遂驻听久之，遣问焉。答云：'是袁临汝郎诵诗。'即其咏史之作也。尚倾率有胜致，即迎升舟，与之谭论，申旦不寐，自此名誉日茂。"

《春怨行》诗石刻

6. 春怨行

纱窗有舌惊春晓，宝鸭沉檀烟袅袅 ^①。

伤春羞不下妆楼，香尘懒试双钩小 ^②。

芙蓉渍泪睡初起，番忆君心似流水。

紫骝何处系歌台 ^③，九十韶光付弹指 ^④。

相思万古终难移，闲情几许阁双眉。

堪嗟河上青青柳，向与愁人绾别离。

沈西庄

【解题】

诗为七言古。

【校注】

① 宝鸭：清屈大均《广东新语》："宝鸭，似凫而小，头有绿毛，身文采，鸳鸯之属也。一种名琵琶鸭，与相类，皆池塘之玩。"此处指鸭形的香炉。唐孙鲂《夜坐》："划多灰杂苍虬迹，坐久烟消宝鸭香。"宋佚名《最高楼·寿翁簿二月初十》："宝鸭沉烟堂上袅，珠翠捧、椒觞满斟。"

② 香尘：多指女子步履而起之尘。晋王嘉《拾遗记·晋时事》："〔石崇〕又屑沉水之香如尘末，使所爱者践之。"双钩：女人双足。明孟称舜《娇红记·絮鞋》："《泣颜回》：闲过小书窗，蓦见金莲开放，双钩红玉，曲湾湾夺目生光。"

③ 紫骝：古骏马名。唐李益《紫骝马》："争扬看斗鸡，白鼻紫骝嘶。"

④ 九十韶光：九十日韶光，指春季三个月。宋范成大《立春后一日作》："九十韶光天不断，人间笑口自难开。"

《茅亭坐雨漫兴》诗石刻

7. 茅亭坐雨漫兴

满亭风雨独徘徊，草木江南暖又回。
柳色鹅儿初破壳，鲜斑鹿子乍辞胎。
诗攻炼句番疑拙，老态惊心肯便灰。
吟社近来清债少 ①，一春襟抱向谁开 ②。

沈西庄

【解题】

诗为七言律。

【校注】

① 清债：指诗作。

② 一春襟抱向谁开：唐杜甫《奉侍严大夫》："身老时危思会面，一生襟抱向谁开。"

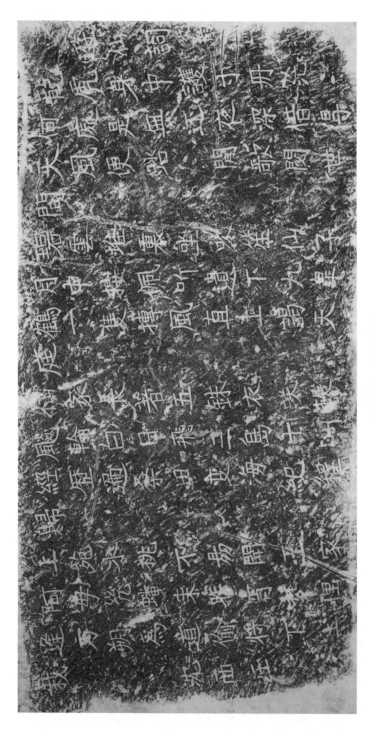

《游仙词次韵》诗石刻

8. 游仙词次韵

龙虎身中护寸丹[①]，茫茫何处是无还。
夜深借得天风便，踏踏闲歌阅世间[②]。

碧云堆里坐吹笙，仙子月中按佩听。
遗下九皋鹤一只[③]，抟风直上谒天庭[④]。

仙家长著五铢衣[⑤]，笑辗飙轮白日飞[⑥]。
三岛十洲经历遍[⑦]，桑田变海纪程归。

上苑水桃不易开[⑧]，王家阿母几蟠来[⑨]。
昨宵梦里逢方朔[⑩]，为道偷将下土栽。

【解题】

诗为七言绝4首。所次之韵不详。

【校注】

①龙虎：丹道家称阴阳二气为龙虎。《关尹子·七釜》：“知此道者，可以成腹中之龙虎。”宋张君房《云笈七签》载《古龙虎歌》，注云：“龙虎缘阴阳二性和合相吞伏之气。”又云：“丹唯一阴一阳龙虎二物。”寸丹：丹道家称体内精气为内丹。《云笈七签》载《胎息经》，注云：“修道者，常伏其气于脐下，守其神于身内，神气相合而生玄胎。玄胎既结，乃自生身，即为内丹，不死之道也。”

②踏踏：《踏踏歌》。南唐沈汾《续仙传》：“[蓝彩和]丐于市，歌曰《踏踏歌》。”

③九皋：《诗经·小雅·鹤鸣》：“鹤鸣于九皋，声闻于天。”

④抟风：《庄子·逍遥游》“抟扶摇而上者九万里”，晋司马彪

注："抟，圜也，圜飞而上若扶摇也。"唐岑参《和刑部成员外秋夜寓直寄台省知己》："击水翻沧海，抟风透赤霄。"

⑤五铢衣：道士穿着的轻薄衣服。唐谷神子《博异志》："问曰：'衣服皆轻细，何土所出？'对曰：'此是上清五铢服。'又问曰：'比闻六铢者天人衣，何五铢之异？'对曰：'尤细者则五铢也。'"唐李商隐《圣女祠》："无质易迷三里雾，不寒长着五铢衣。"

⑥飙轮：道家所称迅疾的仙车。《云笈七签》："乘飙轮而升天。"唐杜光庭《集仙录·云华夫人》："越巨海而无飙轮，渡飞沙而无云轩。"

⑦三岛：道家所称三仙山，即蓬莱、方丈、瀛洲。十洲：道家所称的仙人居处。汉东方朔《海内十洲三岛记》："汉武帝既闻王母说八方巨海之中，有祖洲、瀛洲、玄洲、炎洲、长洲、元洲、流洲、生洲、凤麟洲、聚窟洲。有此十洲，乃人迹所稀绝处。"

⑧上苑：本指皇家苑囿，此处指仙苑。《初学记·苑囿》："其名苑，有天苑、禁苑、上苑。"水桃：仙桃。明吴承恩《西游记》："碧藕水桃为按酒，交梨火枣寿千秋。"

⑨王家阿母：西王母。事迹见《山海经》《穆天子传》等。几蟠：当作"几番"。

⑩方朔：东方朔，字曼倩，汉平原厌次（今山东德州市陵城区）人。《汉书》有传。《汉武故事》载，西王母种桃，三千年一结子，东方朔曾三次偷吃。

《柬严少卿》词石刻

9. 柬严少卿

寒夜衡茅静掩[①]，一庭月色，四壁灯光。闲情耿耿，坐中兴味凄凉[②]。江天暮，水寒烟冷，园林景，蔗紫橙黄。感怀伤。天涯人远，遐思茫茫。

番忆。傲山乐水，幽踪散迹，几换星霜[③]。酒醉香烬，雁声寮亮度消湘[④]。明日溪头风景好，放中流，独泛轻航。笑相望。重过萧寺[⑤]，共醉斜阳。

右调《玉蝴蝶》

沈西庄

【解题】

词牌《玉蝴蝶》。双调，99 字。上阕五平韵，下阕六平韵。严少卿，当是严勋，字大用，时任尚宝少卿，详见 29。

【校注】

①衡茅：茅草为门。晋陶潜《辛丑岁七月赴假还江陵夜行涂口一首》："养真衡茅下，庶以善自名。"《文选》注："衡门，茅茨也。"

②兴味凄凉：此言思念友人之甚。

③几换星霜：严勋游拙岩，在弘治九年（1496），此词在正德七年（1512）诸刻间，二者相隔 16 年，故云。

④消湘："潇湘"俗字，多见于元明间。元杨朝英《朝野新声太平乐府》明刻本卷六："消湘夜雨晴，早闪出乌林皓月明。"元钟嗣成《录鬼簿》天一阁旧藏抄本卷下："如《消湘八景》《欢喜冤家》等，极为工巧。"明弘治八年（1495）刻本《永州府志》："西山，在县西消湘门之外。"又清康熙二十三年（1684）刻本《零陵县

志》：“唐刘禹锡曰：‘消湘间无土山，无浊水，民秉是气，往往清慧而文。’”

　　⑤萧寺：唐李肇《唐国史补》：“武帝造寺，令萧子云飞白大书‘萧’字，至今一‘萧’字存焉。”后因代指佛寺。

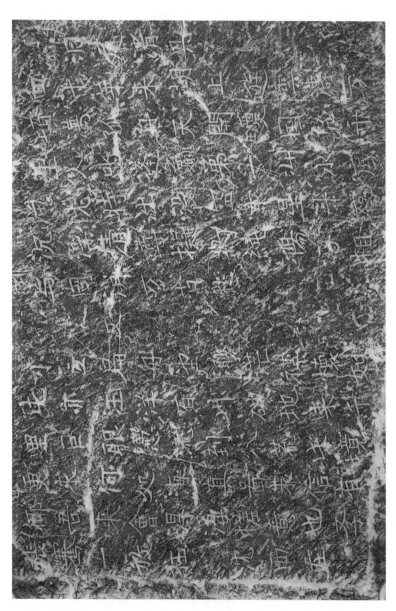

《洞庭清兴》诗石刻

10. 洞庭清兴

四十年来湖上游，云涛万顷荡孤舟。
天开琼国家千里^①，人坐蓬瀛第一洲^②。
水底鱼龙时出没，空中星斗夜沉浮。
清尊拟约纯阳子^③，相与同消万古愁。

小立扁舟望渺茫，襟怀如此亦汪洋。
百川破地来千里，巨眼凭流到八荒。
此境更求何处海，真图未信有他乡^④。
吾来会得浮槎意，也学张骞一放狂^⑤。

沈西庄

【解题】

诗为七言律 2 首。作者当时经过洞庭，年在 40 以上。

【校注】

① 琼国：苍翠澄碧之地。

② 蓬瀛第一洲：似指洞庭湖中君山岛。明嘉靖《太原县志·集诗》载明孙昱《晋祠》："天空夜静银蟾吐，宛在蓬瀛第一洲。"又清道光《直隶霍州志·艺文》载清李荣程《游兴唐寺》："不数蓬瀛第一洲，人间此是最高头。"

③ 纯阳子：即吕洞宾，世称吕纯阳、吕真人。元赵道一《历世真仙体道通鉴》："吕嵒，字洞宾，号纯阳子。""大元至元六年正月，褒赠纯阳演正警化真君。"《岳阳风土记》："岳阳楼上有吕先生留题云：'朝游北越暮苍梧，袖里青蛇胆气粗。三入岳阳人不识，朗吟飞过洞庭湖。'"

④ 真图：道教语。《崇文总目》："《五岳真形图文》一卷，葛洪撰。"《宋史·艺文志》："《五岳真形图》一卷……《五岳真形论》一卷。"晋葛洪《抱朴子·登涉》："持三皇内文及《五岳真形图》，所在召山神。"宋张君房《云笈七签·五岳真形图序》："五岳真形者，山水之象也。盘曲回转，陵阜形势，高下参差，长短卷舒。波流似于旧笔，锋芒畅乎岭崿。云林玄黄，有书字之状。是以天真道君下观规矩，拟纵趣向，因如字之韵，而随形而名山焉。"洞庭君山为道教七十二福地之一，《云笈七签》："第十一君山，在洞庭青草湖中，属地仙侯生所治。"

⑤ 张骞：汉中人，汉武帝时为使者，通西域，封为博望侯。"骞身所至者，大宛、大月氏、大夏、康居，而传闻其旁大国五六，具为天子言其地形所有。"事见《史记·大宛列传》及《汉书》本传。传张骞乘槎入银河取织女支机石归，见《荆楚岁时记》引晋张华《博物志》。

《拙岩记》石刻

11. 拙岩记 ^①

　　零陵征君沈尧夫，诗社中之彦契者尔 ^②。尝造西庄之上 ^③，辄泥倡酬，卷帙墨少 ^④。今年，贶寄拙岩诗 ^⑤，且欲促一游，并记颠末。乃纳履于航，由西湘径入岩中 ^⑥。尧夫携酒肴，陶然尽欢，曰："吾永山水之奇绝者，至唐有柳先生 ^⑦，守水若八愚 ^⑧、朝阳岩之类 ^⑨，皆搜简之，而群胜以显焉。吾欲得一丘一壑，如柳公之俊采者，为岁月摧，公之所暇日，偕一二僮，散步潆滩江旁 ^⑩，得群石昂露于下，中一窟隐隐空通 ^⑪，首尾影映。而荆棘藤萝，芄然四塞，吾疑之必兽穴也。命僮秉斤锸缺隙，匍匐而入，即薙草伐木，而芜茇秽而焚之。岩之中，土曼不能立 ^⑫，更锸之畚之，掘去湮塞，遂夷然宽敞，朗然一岩洞也。吾喜之，扫涤布席，可坐二十余宾 ^⑬。吾又怪兹岩不擅于古，而沉隐于今日，号曰'拙岩'，类吾与世违也 ^⑭。愿一言记之，以垂永久。"夫沈君尧夫，可谓追古慕奇，而得山林之趣也。得一岩而以拙颜之，未知君拙于岩乎？岩拙于君乎？予亦知二□之故矣。夫自开辟之下，晦草莽之间，则岩之拙于潜，视君之拙于隐，古今无间然也。然凌风霜而幽阒不华，固岩之拙于自静也。又与征君默默而处，同一恬退之风度焉，亘古今而琪凝不移，固岩之拙于自重也，其与征君岩岩而持，同一端正之丰采焉。君平日诗作，无虑数百章 ^⑮，命工拂岩之石，沙金汰玉，镌之刻之，则君得岩之拙而愈扬，骚人词客，讲席博兴，一觞一咏，□宫击商，则君得君之拙而愈胜。至是则石之拙、君之拙风韵并驰，得与周之月岩 ^⑯，柳之愚溪，流芳无穷。夫零陵古多奇胜之地，今又添一焉，岂非人杰地灵之数乎！

　　　　　　　　　　　　　　　　　　　正德壬申岁季夏月吉旦

【解题】

此文题名《拙岩记》，无作者名，据文首"零陵征君沈尧夫"，当非沈良臣。又据"由西湘径入岩中"，当非同村乡贤。又据"岂非人杰地灵之数乎"，当非零陵邑人。疑为途经客居好友。文末署款"正德壬申岁"，即正德七年（1512）。据记文，石刻群正式命名为拙岩当在此时。

道光《永州府志》卷二上《名胜志》："县西十余里溁滩，临江有巨窟。明正德壬申岁，征士沈良臣尧夫始辟之，号拙岩，以拟柳氏之愚岛，有诗记，刻石多剥落不能尽辨，皆前志所未列于名胜者也。"当据此文编纂。光绪《零陵县志》卷一《舆地》因之。

石刻偶有残损。标题篆字"拙岩记"中"拙岩"二字，字体与岩顶榜书"拙岩"二大字完全相同。正文17行，辞旨典雅，俗字略少（仅"丰采"之"丰"一字），书法字小而拙。

【校注】

①拙岩记：三字篆书。正文则楷书。

②彦契：犹彦士、才士、贤人。

③西庄，当是沈氏所居地名，因以为号。

④墨少：字迹磨泐。

⑤拙岩诗：其后沈良臣诗集即题名《拙岩集》，今佚。道光《永州府志》卷九《艺文志》："《拙岩集》，明零陵沈尧夫撰。（《湘崖集》）"光绪《零陵县志》卷十三《艺文》因之。《湘崖集》作者为蒋鳌，其集已佚，拙岩存其诗刻一首。蒋鳌，字汝济，号湘崖，零陵人。正德八年（1513）举人，与沈良臣同时。宗绩辰据蒋氏集著录《拙岩集》，当时似未亲见其书，可知原书久佚，拙岩石刻为其仅存诗篇，弥足珍贵。

⑥西湘：此处指湘水上游。湘水西来，拙岩在其南岸。今拙岩洞口下仍有条石垒砌码头，大半已坍塌江中。

⑦柳先生：指柳宗元，字子厚，唐河东（今山西永济）人。宪宗元和元年（806），以礼部员外郎贬永州司马。事迹见两《唐书》本传。

⑧八愚：柳宗元作《八愚诗》，已佚，序存，云："愚溪之上，买小丘为愚丘。自愚丘东北行六十步，得泉焉，又买居之为愚泉。愚泉凡六穴，皆出山下平地，盖上出也。合流屈曲而南，为愚沟。遂负土累石，塞其隘为愚池。愚池之东为愚堂。其南为愚亭。池之中为愚岛。嘉木异石错置，皆山水之奇者。""于是作《八愚诗》，纪于溪石上。"

⑨朝阳岩：在零陵城南，与郡城隔江相望。唐代宗永泰二年（766），元结为道州刺史，经水路过永州，始来游之。以其东向，遂以"朝阳"命之焉。作《朝阳岩铭》及《朝阳岩下歌》，刻石其上。今存历代石刻150余通。清道光《永州府志》卷二《名胜志》："朝阳岩者，在城外西南二里潇江之浒，岩口东向。当朝暾初升，烟光石气，激射成采，郁为奇观……岩中有洞名流香，有石淙源出群玉山，伏流出岩腹，色如雪，声如琴，气若兰蕙，从石上奔泻入绿潭。"（《大明一统志》《大清一统志》略同）柳宗元曾游朝阳岩，作《游朝阳岩遂登西亭二十韵》，又别称之曰西岩，作《渔翁》诗，有"渔翁夜傍西岩宿，晓汲清湘燃楚竹"句。

⑩濮滩：地名，道光《永州府志》"县西十余里濮滩"，似据此文编纂，光绪《零陵县志》因之。文献中仅见于此，所起不详。今名"猴滩沈家"，从"猿猴"之"猴"。

⑪中一窟隐隐空通：拙岩有二洞口，靠近江边有大洞口，靠近陆地有小洞口，皆可通行。

⑫土曼不能立：土为江中淤泥倒灌沉积，今岩中犹有泥土约1米，堆积至《拙岩记》石刻下角。

⑬可坐二十余宾：据沈庄老人口述，拙岩淤泥下有天然石凳，曾作为小学教室。

⑭与世违：言好尚皆与世俗相背。

⑮无虑数百章：除《拙岩集》外，沈良臣又有《纤尘弄影集》。明隆庆《永州府志》卷十二《艺文志》："《纤尘弄影集》一册，国朝零陵沈良臣撰。"此集不知是否刊刻，今佚不传。数百章似合二集言之。

⑯周之月岩：周指周敦颐，字茂叔，号濂溪，北宋道州营道（今湖进道道县）人。《宋史·道学传》有传，曰："孔子没，曾子独得其传，传之子思，以及孟子，孟子没而无传。两汉而下，儒者之论大道，察焉而弗精，语焉而弗详，异端邪说起而乘之，几至大坏。千有余载，至宋中叶，周敦颐出于舂陵，乃得圣贤不传之学，作《太极图说》《通书》。""明天理之根源，究万物之终始。""其言约而道大，文质而义精，得孔、孟之本源，大有功于学者也。"月岩，在道州，距濂溪故里数里。清光绪《道州志》卷一《山川》："月岩在州西四十里。东西两门，望如城阙，当中而虚其顶，自东望之如月上弦，自西望之如月下弦，就中望之如月之望，故名。""旧有周子读书亭，峭石环壁，盛夏无暑，后改迁于岩外。"今存历代石刻60余通。

12. 溇滩庄屋书事

诛茅结屋傍江涯^①，半顷畲田一水车。
柳贯鲜鳞渔换酒，铛分活水仆煎茶^②。
静闻花鸟哦新句，闲弄溪云泛小艖。
此外风情多寡合，独容野老度年华。

西庄倡

【解题】

诗为七言律。署款"西庄倡"，史良弼、沈良佐有和诗，详见
13、14。

【校注】

①诛茅：芟除茅草。指建屋安居。南朝梁沈约《郊居赋》："或
诛茅而剪棘，或既西而复东。"

②活水：长流水。宋苏轼《汲江煎茶》："活水还须活火烹。"

《奉和庄屋书事》诗石刻

13. 奉和庄屋书事

门前山水浩无涯，屋里诗书富五车①。
春入彩毫联□句，香分碧碗试新茶。
围棋客散悬云榻，问字人来访月艖②。
盘有新鳞尊有酒，等闲无念及荣华。

又

别业猴滩背渚涯③，门多长者聚轮车④。
楼头夜坐闲邀月，花底春吟慢啜茶。
竹几蒲团围客席，酒杯诗侣寄仙艖。
风光领掠年来别⑤，肯信头卢鬖有华⑥。

金陵史良弼

【解题】

诗为七言律2首。所和为沈良臣《猴滩庄屋书事》，石刻字迹亦相同，当为同一人书写。史良弼，金陵人，当为府县官佐，事迹不详。

【校注】

①诗书富五车：《庄子·天下》："惠施多方，其书五车。"后世因以"学富五车"称道学识渊博之人。

②问字：《汉书·扬雄传》载扬雄多识古文奇字，刘棻曾向他请教。后遂称从人受学或向人请教为"问字"。宋陆游《小园》："客因问字来携酒，僧趁分题就赋诗。"

③别业：指西庄沈氏庄屋。

④门多长者聚轮车：《史记·陈丞相世家》：陈平"少时家贫，

好读书，有田三十亩，独与兄伯居"，"至其家，家乃负郭穷巷，以
弊席为门，然门外多有长者车辙"。

⑤ 领掠：当作"领略"。

⑥ 肯：岂肯。

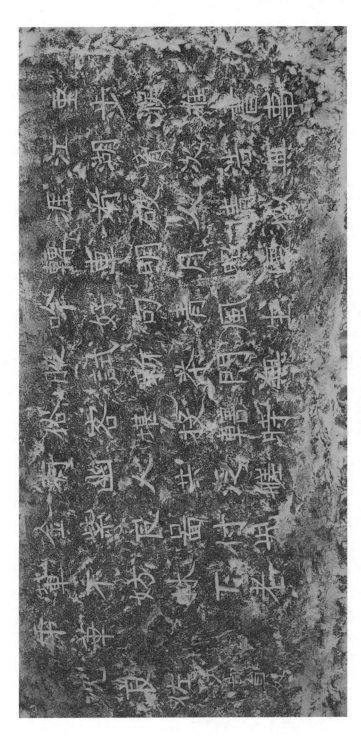

《重步溪滩书事》诗石刻

14. 重步溇滩书事

江湖胸次浩无涯，看破人情似转车^①。
明月照怀吟好句，清风生腋试新茶^②。
门无俗客堪投辖^③，时有幽人共泛艖。
金紫良图付儿辈，不妨林下老年华。

沈良佐　户部员外

【解题】

诗为七言律。"重步"为步韵之意，此诗仍为唱和沈良臣《溇滩庄屋书事》之作，石刻字迹亦皆相同。署名"沈良佐"下有小字注"户部员外"。

沈良佐，沈良臣之弟。据零陵沈庄《沈氏家谱》，三派沈遠，生五子：沈良相、沈良臣、沈良佐、沈良辅、沈良弼。明隆庆《永州府志》卷十四《人物列传》："沈良佐，字尧卿，零陵人。立心忠厚，行事光明。由进士任南京户部主事，终广西左参政。所至皆有治绩。"清康熙九年（1670）《永州府志》、康熙《零陵县志》、道光《永州府志》、光绪《零陵县志》均有传。

【校注】

① 人情似转车：言人情厚薄爱憎往往多变。

② 清风生腋：唐卢仝《走笔谢孟谏议寄新茶》："一碗喉吻润，两碗破孤闷……七碗吃不得也，唯觉两腋习习清风生。"

③ 投辖：《汉书·陈遵传》："遵耆酒，每大饮，宾客满堂，辄关门，取客车辖投井中，虽有急，终不得去。"

《题月胜次韵》诗石刻

15. 题月艖次韵

谁似湘江沈月艖^①，疏狂不让□飞霞^②。
网罗世上浑无迹^③，风月樽中别有家。
老驻童颜凭药酒，梦游天府信泛槎。
夕阳古渡酣歌处，赢得渔樵拍手夸。

醉乡陈衮

【解题】

诗为七言律。此诗次沈良臣《月艖小隐》韵，石刻字迹亦相同。署名"醉乡陈衮"，陈衮，事迹不详，疑为零陵先贤而与沈良臣同为诗社中人，"醉乡"似为其别号。

陈衮又有五言律《次拙岩韵》，详见20。

【校注】

① 沈月艖：指沈良臣。

② 飞霞：名字、事迹不详。

③ 网罗世上浑无迹：居于人世而不受网罗。

《题拙岩》诗石刻

16. 题拙岩

心地本清绝 ①，个中更远尘 ②。

辟开曾会古，造设拟由神。

石窍堪容月，花香好醉春。

炎岩风景外 ③，何处可为邻?

守愚陈琏　都指挥

【解题】

诗为五言律。署名"守愚陈琏"，下有小字"都指挥"，"都"字磨泐不显。陈琏，号守愚，事迹不详。检清道光《永州府志》卷八《武备志·明武职姓名考》、光绪《湖南通志》卷一百三十《职官二十一·武职一·明》，均不见其名。

明弘治《永州府志》载东安县知县陈琏、道州岁贡生陈琏，皆非。

清道光《永州府志》卷十八上《金石略》载："明永州潇湘庙钟鼎款：嘉靖十年，都指挥陈琏男陈台妻张氏，敬为保安男童，喜舍潇湘位前香炉一座。今移至唐公庙。"

此诗与沈良臣《拙岩成偶书》同韵，参照吴坤《题拙岩和韵》、陈衮《次拙岩韵》、章表书《拙岩次韵》各题，亦当为唱和沈良臣之作。

【校注】

①心地：心中所存。《朱子语类》："自古圣贤皆以心地为本。""涵养主一，使心地虚明，物来当自知未然之理。"

②个中：此中。指拙岩。

③炎岩风景外：言岩外炎热，暗指世俗趋炎附势。

《题拙岩和韵》诗石刻

17. 题拙岩和韵

地僻多幽胜，岩空远俗尘。

深藏若待主，呵护岂无神？

性拙迟而默，身闲秋复春。

何时挂冠绂 ①，重结旧东邻。

　　　　　　　　　　　野西吴坤　都指挥

【解题】

　　诗为五言律，所和之韵为沈良臣《拙岩成偶书》。

　　署名"野西吴坤"，下有小字"都指挥"，"野西"当是吴坤之字，事迹不详。

　　清康熙九年（1670）《永州府志》卷十四《武备志》永道守备载"吴坤"之名，并云："明洪武初，设立永道守备一员，以都指挥体统行事，辖永宁二卫，立公署于道州。隆庆三年移镇江华驻扎，万历年间复改道州。"清道光《永州府志》卷八《武备志·明武职姓名考》永道守备36人载"吴坤"之名。清光绪《道州志》卷四《职官·武秩》永道守备载"吴坤"之名，并云："天顺间设初，驻江华县，后移驻道州。"

【校注】

　　① 冠绂：官帽与官印。绂，系印组的丝绳。宋梅尧臣《雪窦达观禅师见寄依韵答》："自缘冠绂累，未解远公寻。"挂冠绂：辞官。

《拙岩八景诗》石刻

18. 拙岩八景诗

茆亭觞月

何地无明月，随宜倒酒瓶。
试将真意味，收入此茆亭。

流水鼓琴

逝者去何急[①]，七弦聊赏心[②]。
子期虽已杳[③]，明月是知音。

芙蓉夹柳

不挟争荣意，凭他碧荫兼。
秋江平凤怨，冲淡似陶潜[④]。

鸬鹚随渔

天机含活泼，飞跃察禽鱼[⑤]。
谁是中和手，调停各自如。

仙矶垂钓

意钓非知钓，非仙却似仙。
问津如有客[⑥]，烟水渺长天。

桐阴围棋

石磴安棋局[⑦]，浓阴罩一枰。
只宜分黑白[⑧]，不必问输赢。

鸣莺求友

伐木赓谁和[⑨]，岩阿久养真。
一声破孤寂，春色遍同人。

扫石题诗

峭石皴云立，诗成倩我题。

微尘风自扫，八景布河西。

光绪六年十月既望景明，亦拙叟仙农唐九龄漫题

【解题】

诗为五言绝8首，行书。

"八景"之说，始于宋迪，作《潇湘八景》诗及图。宋迪曾亲至永州，留有澹岩题名石刻，云："嘉祐八年三月初八日，转运判官、尚书都官员外郎宋迪游。"故永州"八景"独多，有芝城八景、祁阳八景、永明八景、浯溪八景、新田八景、春陵八景、江华八景、麻滩八景、疑山八景、排成山八景，又有浯溪十景、秦岩十景、东安十景、祁阳梅庄十景及东安清溪四景。拙岩八景：菏亭觞月、流水鼓琴、芙蓉夹柳、鸬鹚随渔、仙矶垂钓、桐阴围棋、鸣莺求友、扫石题诗，仅见于此诗。

唐九龄，号仙农，别号亦拙叟。其别号当仿拙岩而来。据此诗可知其为同光间人。

清光绪《零陵县志·续修姓氏》"采访"中载唐九龄，"五品衔中书科中书"。又卷二《建置》载："节孝亭，在城西大夫庙侧，唐九龄为母建。""节孝坊，在大夫庙，唐九龄为母屈氏建。"卷七《选举·荐举》载："唐九龄，中书科中书加五品衔。"此节孝亭、节孝坊在大夫庙村，今已全毁无余。

唐九龄之母屈氏，守节旌表。清光绪《零陵县志》卷十一《列女》："屈氏，儒童唐庆荣妻。年二十，夫故，遗腹生子九龄，矢志守节。姑李氏，性卞切，氏曲意顺承，无所迕。九龄长就傅，程课极严。岁辛亥，当事以孝廉方正举九龄，氏命辞之，盖以其实不易居也。九龄旋报捐中书科中书。氏年六十一卒。"

永州大夫庙，有三间大夫庙、卿大夫庙、陈大夫庙。清光绪《零陵县志》："大夫庙有三，一西路，一进贤乡，一咸和里。在进贤乡、咸和里者祀唐卿子才。(《卿氏家谱》：唐高祖时人，相传其祖信近，初隶江南庆天府宜产县，以督粮道任永州牧。为权贵中伤，隐姓为姬，遂家零陵。子才以指挥使平寇有功，上嘉其忠义，复姓卿氏。授银青光禄大夫。) 俗又称为苦竹庙。在西路者，祀宋陈知邺、马赞。知邺详宗《府志》。马赞官骑都尉，宋开宝五年同解贡入京，太祖嘉其才，加检校太子宾客，进阶银青光禄大夫。"陈知邺，清康熙九年（1670）《永州府志》、道光《永州府志》、乾隆《东安县志》、光绪《东安县志》有传。东安县亦有陈大夫庙，祀陈知邺。唐九龄所居大夫庙村在城西，当是陈大夫庙。

清光绪《零陵县志》卷五《学校》又载："群玉书院，新增业产，置买新五通庙右边第三间唐仙农铺屋一座，价六十千文，每年租钱六千文。"卷三《祭祀》："灵官殿，即五通庙，有二：一在文昌宫左侧，一在大街登鹏坊。"群玉书院始建于乾隆三十四年（1769），零陵县令陈三恪创建，详见清陈三恪《群玉书院志》、清道光《永州府志》。

唐九龄曾重修拙岩，又作《重修拙岩记》和《重修拙岩》诗，详见21、24。

【校注】

① 逝者：指流水。《论语·子罕》："子在川上曰：'逝者如斯夫！不舍昼夜。'"

② 七弦：七弦琴。汉应劭《风俗通义·琴》："今琴长四尺五寸，法四时五行也；七弦者，法七星也。"

③ 子期：《列子·汤问》："伯牙善鼓琴，钟子期善听。伯牙鼓琴，志在登高山。钟子期曰：'善哉！峨峨兮若泰山。'志在流水，钟子期曰：'善哉！洋洋兮若江河。'"《风俗通义》："伯子牙方鼓

琴，钟子期听之，而意在高山，子期曰：'善哉乎！巍巍若太山。'
顷之间而意在流水，钟子又曰：'善哉乎！汤汤若江河。'子期死，
伯牙破琴绝弦，终身不复鼓，以为世无足为音者也。"

④陶潜：即陶渊明，字元亮，又字渊明，晋浔阳柴桑（今江西
九江）人。"少怀高尚，博学善属文，颖脱不羁，任真自得，为乡邻
之所贵。"《晋书·隐逸传》有传。陶渊明家有五柳树，作有《五柳
先生传》。

⑤飞跃：鸢飞鱼跃。《诗经·大雅·旱麓》："鸢飞戾天，鱼跃
于渊。"《礼记·中庸》："《诗》云：'鸢飞戾天，鱼跃于渊。'言其
上下察也。君子之道，造端乎夫妇，及其至也，察乎天地。"宋朱
熹《中庸章句》引程子曰："此一节，子思吃紧为人处，活泼泼地。"
《朱子语类》："鸢有鸢之性，鱼有鱼之性，其飞其跃，天机自完，便
是天理流行发见之妙处。故子思姑举此一二，以明道之无所不在。"

⑥问津：晋陶渊明《桃花源记》："晋太元中，武陵人捕鱼为
业。缘溪行，忘路之远近。忽逢桃花林，夹岸数百步，中无杂树，
芳草鲜美，落英缤纷。渔人甚异之。复前行，欲穷其林。林尽水源，
便得一山。山有小口，仿佛若有光，便舍船，从口入。""既出，得
其船，便扶向路，处处志之"，"寻向所志，遂迷，不复得路"，"后
遂无问津者"。

⑦磴：同"凳"。

⑧黑白：双关语，暗指是非善恶大义。

⑨伐木：《诗经·小雅·伐木》："伐木丁丁，鸟鸣嘤嘤。出自
幽谷，迁于乔木。嘤其鸣矣，求其友声。"

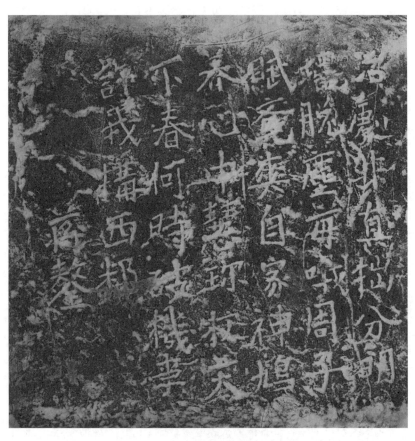

《次拙岩韵》诗石刻

19. 次拙岩韵 ①

治剧非真拙，分明摆脱尘。
每哦周子赋 ②，觉爽自家神。
鸠养心中慧 ③，珍收天下春。
何时破机事 ④，许我构西邻。

蒋 鳌

【解题】

诗为五言律。无题，刻于陈衮《次拙岩韵》后，可知为同题同时所作。据诗韵亦可知为唱和沈良臣《拙岩成偶书》之作。

蒋鳌，字汝济，号湘崖，零陵人，明正德八年（1513）举人。撰《湘崖集》，已佚。

【校注】

① 次拙岩韵：标题据陈衮《次拙岩韵》补。

② 周子赋：即宋周敦颐《拙赋》。文云："或谓予曰：'人谓子拙。'予曰：'巧，窃所耻也，且患世多巧也。'喜而赋之曰：巧者言，拙者默；巧者劳，拙者逸；巧者贼，拙者德；巧者凶，拙者吉。呜呼！天下拙，刑政彻。上安下顺，风清弊绝。"

③ "鸠养"句：言鸠貌拙而心慧。《禽经》："鸠拙而安。"

④ 机事：动用心机之事。《庄子·天地》："有机械者必有机事，有机事者必有机心。"

《次拙岩韵》诗石刻

20. 次拙岩韵

一岩天□与，断绝世间尘。
怪石能胜画，清泉足养神。
松巢千岁鹤，花占四时春。
此等幽栖处，云山是近邻。

醉乡陈衮

【解题】

诗为五言律，所次之韵为沈良臣《拙岩成偶书》。刻于蒋鳌无题诗之前，二诗当是同题同时之作。

《重修拙岩记》石刻

21. 重修拙岩记 ①

余性拙 ②，癖泉石，因避城市嚚，移家燕洞 ③。适散步，经二里许，旷览湘江，□□一岩窦 ④，仅可入，上有篆刻"拙岩"字，□□明沈尧夫先生题 ⑤。先生隐居不仕，守拙林泉，庄子所谓"大巧若拙"是也 ⑥。余窃慕之，爰命工启壅塞，筑崩溃，安棋局，置渔矶，种竹植柳，构亭于上，刻《八景诗》于石。非博名也，用以质后之养拙者。是为记。

仙农唐九龄识

【解题】

此文题名《重修拙岩记》，行书。作者唐九龄，同时作有《拙岩八景诗》和《重修拙岩》诗，见前第18、后第24。

【校注】

① 重修拙岩记：标题5字被人为凿毁，据轮廓痕迹可知为此5字。

② 余性拙："拙"字被人为凿毁，据轮廓痕迹可知为"拙"字。

③ 燕洞：村名，今存，在溴滩沈家南，大夫庙村西。

④ □□一岩窦：句中两字被人为凿毁。

⑤ □□明沈尧夫先生题：句中两字被人为凿毁。

⑥ 庄子所谓"大巧若拙"：《庄子·胠箧》："掘工倕之指，而天下始人有其巧矣。故曰：'大巧若拙。'"此为引用《老子》四十五章语："大道若屈，大巧若拙。"

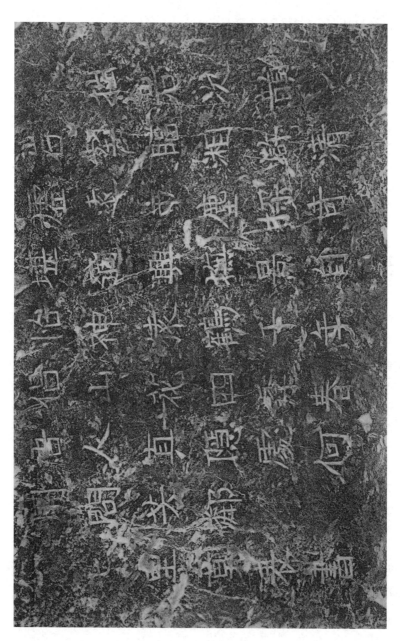

《拙岩次韵》诗石刻

22. 拙岩次韵

岩壑临湘浒，清虚远市尘。
探奇堪适兴，抚景自怡神。
猿鹤千年侣，山花四季春。
吾人真隐处，何用问芳邻。

七里章表书

【解题】

诗为七言律。次沈良臣《拙岩成偶书》韵。署名"七里章表书"。"七里"不详，疑为村名。章表书，事迹不详，或是诗社同人。

23. 拙岩成偶书

开辟乾坤古，清幽绝世尘。

坐疑身在梦，景逼句通神。

九夏凉无暑，三冬暖若春。

华阳茅洞主①，相与结芳邻。

西庄沈良臣

【解题】

诗为七言律。为沈良臣原唱，共5人和之，即16陈琏《题拙岩》、17吴坤《题拙岩和韵》、19蒋鳌《次拙岩韵》、20陈衮《次拙岩韵》、22章表书《拙岩次韵》。

此诗是唯一载入方志文献中的拙岩诗。清光绪《零陵县志》卷一《地舆》："拙岩，宗绩辰《府志》云：'县西十余里溴滩，临江有巨窟。明正德壬申岁，征士沈良臣尧夫始辟之，号拙岩，以拟柳氏之愚岛，有诗记刻石，多剥落不能尽辨。'"下录沈良臣《拙岩成偶书》诗，字句与诗刻全同。

【校注】

① 华阳茅洞主：华阳洞，在茅山。洞主指大茅君、中茅君、小茅君。《太平广记》引《谈薮》云："陶弘景幼而惠，博通经史，睹葛洪《神仙传》，便有志于养生。每言仰视青云白日，不以为远。初为宜都王侍读，后迁奉朝请。永明中，谢职隐茅山。山是金陵洞穴，周回一百五十里，名曰华阳洞天，有三茅司命之府，故时号茅山。由是自称'华阳隐居'。"南朝齐陶弘景《真诰》："句曲之山，汉有三茅君来治其上，时父老又转名茅君之山。三君往曾各乘一白鹄，各集山之三处，时人互有见者，是以发于歌谣，乃复因鹄集之处分句曲之山为大茅君、中茅君、小茅君三山焉。"

《重修拙岩》诗石刻

24. 重修拙岩

坐对玲珑石，奇哉以拙名。
世人皆斗巧^①，沈老独输诚^②。
返本从今悟^③，还元发古情^④。
徐徐题八景，敢冀继先声。

仙农唐九龄

【解题】

诗为五言律。行书，保存完整。

【校注】

①斗巧：以智巧相争。唐杜牧《昔事文皇帝三十二韵》："斗巧猴雕刺，夸趫索挂跟。"明王阳明《传习录》："世之学者，如入百戏之场，欢谑跳踉，骋奇斗巧，献笑争妍者，四面而竞出，前瞻后盼，应接不遑，而耳目眩瞀，精神恍惑，日夜遨游淹息其间，如病狂丧心之人，莫自知其家业之所归。"

②输诚：呈献诚恳于他人。唐张九龄《将发还乡示诸弟》："负德良不赀，输诚靡所惜。"

③返本：复归自然之本。唐吴筠《步虚词》："忘心符元宗，返本协自然。"

④还元：回归天然之原。唐吕洞宾《七言诗》："返本还元道气平，虚非形质转分明。"

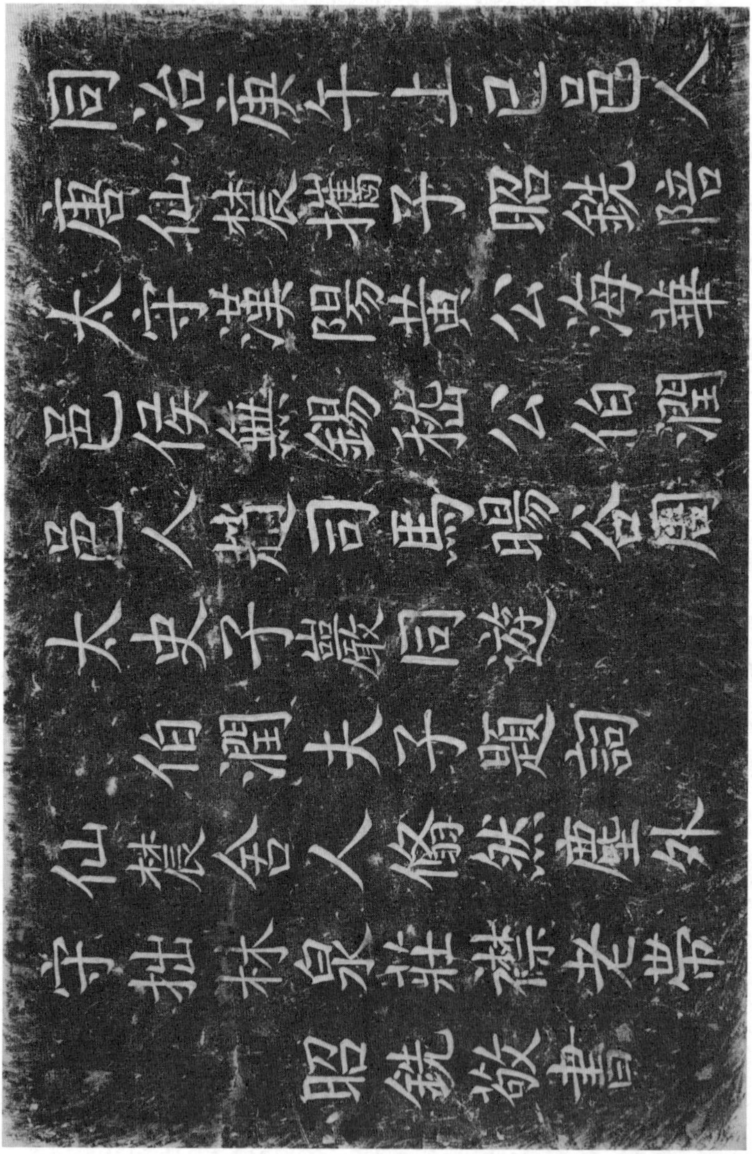

《唐昭铣题记》石刻

25. 唐昭铣题记 ①

同治庚午上巳 ②，邑人唐仙农携子昭铣，陪太守汉阳黄公海华，邑侯无锡嵇公伯润，邑人赵司马旸谷、周太史子岩同游。

伯润夫子题词："仙农舍人翛然尘外，守拙林泉，庄襟老带 ③。"

昭铣敬书

【解题】

唐昭铣，唐九龄次子。县学庠生。前引清光绪《零陵县志》卷十一《列女》又曰："屈氏，儒童唐庆荣妻……氏年六十一卒。孙四，次昭铣，邑庠生。"

黄文琛，字鲁来，号海华，晚号瓮叟，湖北汉阳人。道光五年乙酉科（1825）举人，历官国子监助教、湖南候补知府、常德府同知、宝庆府同知、永州府同知、永顺府知府、衡州府知府、永州府知府，官终湖南衡永道。著有《思贻堂诗集》《思贻堂续存》《思贻堂诗第三集》《思贻堂书简》《后永州集》《玩云室诗集》。

嵇公伯润，即嵇有庆，字伯润，号锡山，江苏无锡人。举人。同治五年（1866）任慈利县知县，八年任零陵知县，十一年任衡山县知县。鉴定同治《慈利县志》十四卷，督修光绪《衡山县志》，主修光绪《零陵县志》十五卷，著有《办荒存牍》二卷，编纂无锡《嵇氏宗谱》八卷。

邑人赵司马旸谷，当即赵肇光，旸谷当是其号。零陵人。廪生，捐官同知衔，又封通奉大夫。清代府同知别称司马。清黄文琛《思贻堂诗续存》卷二《永州集》有《赵学博肇光惠梅一株赋谢》。《后永州集》卷一戊辰（同治七年，1868）有《赵司马肇光邀同……游朝阳岩即事成诗》一首，并自注："司马为我卜居溪上久矣。"卷二己巳（同治八年，1869）有《（自归阳）将回永州，赵学博肇光适自留坝厅来约，与同行》一首，云："劲序方悭雪，归途正喜风。溯从潇水去，得与故人同。灵草昨年寄，高文嘉惠蒙。结邻幸践约，往来两溪翁。"《玩云集》卷一庚午（同治九年，1870）又有《赵司马携酒馔饯我，复同刘学博、胡别驾登舟相送，别后奉怀》。《后永州集》卷七词批又有《赵肇光批》。《思贻堂书简》卷五《与嵇伯润大令》第五通云："西门外桥船，岁修经费计成本九百余千，发典论息，禀府批示存案，某去州时已告之赵旸谷。"清光绪《零陵县志》卷七《选举》"荐举"："赵肇光，廪生，同知衔，蓝翎知县。"同卷"封赠"："赵肇光，以子履祥诰封通奉大夫。"志中又称指为邑人、邑绅。清杨翰《褒遗草堂诗钞》卷十有《重至永州赠赵旸谷封翁》诗。清李元度《天岳山馆文钞》卷四《前永州太守杨公（杨翰）生祠碑》亦载其名，称"郡绅赵肇光"。

周太史子岩，即周崇傅，字少白，号子岩，零陵人。光绪《零陵县志》卷七《选举·进士》："周崇傅，号子岩。同治七年戊辰洪钧榜，授翰林院编修。"官终甘肃新疆分巡镇迪屯田粮务兵备道。

同治庚午，即同治九年（1870）。上距正德七年壬申（1512）沈良臣命名拙岩为 359 年，上距弘治九年丙辰（1496）沈良臣开辟拙岩为 375 年。

【校注】

①唐昭铣题记：原文无题，标题据署款补。

②上巳：夏历三月的第一个巳日，后固定为三月初三日。古人于此日有祓禊、修禊之事。《初学记》引《风俗通》曰："案《周礼》，女巫掌岁时以祓除疾病。禊者，洁也，故于水上衅洁也。"《韩诗》曰："三月桃花水下之时。郑国之俗，三月上巳，于溱洧两水上，执兰招魂续魄，祓除不祥也。"唐杜佑《通典》："周制，春官女巫掌岁时祓除、衅浴。后汉三月上巳，官民皆洁于东流水上，曰洗濯祓除去宿垢疢为大洁。晋公卿以下，至于庶人，皆禊洛水之侧。"

汉张衡《南都赋》：“暮春之禊，元巳之辰，方轨齐轸，袚于阳滨。”

　　③庄襟老带：指道家服饰。庄，庄子。老，老子。清屈大均《翁山诗外·饮王氏漱园醉赋》：“闲挥玉麈论秋水，庄襟老带何清狂。”清汪曰桢《玉鉴堂诗集·寿吴卧山六十》：“霸子鸿妻同隐逸，庄襟老带即神仙。”

"拙岩" 榜书石刻

26."拙岩"榜书

拙　　岩

【解题】

　　"拙岩"两字榜书，篆体，在大洞外崖顶。无署款，书写人不详。字体与佚名《拙岩记》中"拙岩"两字完全相同，当是同人同时所书。

《江畔闲□》诗石刻

27. 江畔闲□

若得相知是水云，特念小筑近□□。
轻岚阁树潇□□，小□□□□象人。
领掠风情归笑咏，□逃山涧吹□闻。
杖□踏□清湘上，□□天正□□□。

【解题】

诗为七言律。石刻在洞外江岸渔矶区山石凹口壁上，楷书，大字书写，共8行，每行7字。惜磨泐风化严重，仅识其半。署款未见，据4字标题格式，与"崖阴避暑""临流洗砚""石台坐钓"，均为沈良臣所作。

《崖阴避暑》诗石刻

28. 崖阴避暑

何处堪逃盛暑侵，紫苔香径可幽寻。
日穿树影频移座①，竹□风凉任散襟②。
为鹤避厨妨煮茗③，听泉漱玉懒调琴④。
黑甜壹枕红尘远⑤，敢谓渊明是赏音⑥。

正德壬申仲夏月六日，西庄隐人书

【解题】

诗为七言律。石刻在洞外江岸渔矶区。《拙岩记》作于正德壬申岁（七年，1512）季夏月，此诗作于同年之仲夏月六日，即《拙岩记》之前一月。

【校注】

①移座：唐白居易《九日登西原宴望》："移座就菊丛，糕酒前罗列。"唐吴融《花村六韵》："月好频移座，风轻莫闭门。"

②竹□："□"字磨泐，轮廓似"外"字。散襟：晋陶潜《庚戌岁九月中于西田获早稻》："盥濯息檐下，斗酒散襟颜。"唐韦应物《酬秦征君、徐少府春日见寄》："终日愧无政，与君聊散襟。"

③为鹤避厨妨煮茗："厨"字磨泐，轮廓似"厨"字。宋魏野《书友人屋壁》："洗砚鱼吞墨，烹茶鹤避烟。"宋刘克庄《烹茶鹤避烟》："吾鹤尤驯扰，俄如引避然。何曾厌茅舍，多是为茶烟。"此句与之意境相近。

④漱玉：晋陆机《招隐诗》："山溜何泠泠，飞泉漱鸣玉。"

⑤黑甜：黑甜乡，睡梦中。宋苏轼《发广州》："三杯饮饱后，一枕黑甜余。"自注："俗谓睡为黑甜。"

⑥"敢谓"句：渊明，陶渊明。晋陶渊明《与子俨等疏》："常言：五六月中，北窗下卧，遇凉风暂至，自谓是羲皇上人。"

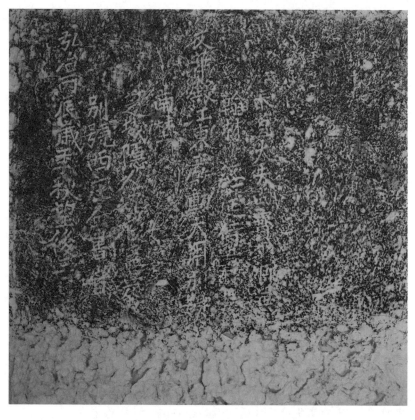

严勋、沈良臣题刻

石刻长 308 厘米，上有小字密书，惜磨泐严重，不能成句，仅左侧可见零星小字。

29. 严勋、沈良臣题刻

奉直大夫、尚宝少卿兼翰林经筵侍书文华殿江东严勋大用，别号南野①，芝城隐人沈良臣尧夫，别号西庄全书岩，弘治丙辰岁季秋望后五日。

【解题】

石刻在洞外江岸渔矶区，高35厘米，长308厘米，尺幅极长。其下原有石砌栈道，今毁，石刻皆悬空江上。自左起至题刻，均有小字密书，惜磨泐严重，不能成句，推测均为沈良臣所作诗章，或即《拙岩集》《纤尘弄影集》之一部分。题刻在最末，约占34厘米，楷书7行，字形较大，故独完整。

严勋，字大用，号南野，工于书法。事迹略见于《明宪宗实录》、《明孝宗实录》、明何乔远《名山藏》、清谈迁《国榷》等。题刻字体端丽，或即出于严勋手笔。

9 沈良臣《柬严少卿》词，所言严少卿，亦当是严勋。

弘治丙辰为弘治九年（1496），此为目前所见拙岩石刻最早纪年。

【校注】

① 奉直大夫：《明史·职官志》："文之散阶四十有二……正五品，初授奉议大夫，升授奉政大夫。从五品，初授奉训大夫，升授奉直大夫。"尚宝少卿：《明史·职官志》："尚宝司。卿一人，正五品。少卿一人，从五品。司丞三人。正六品。吴元年但设一人，后增二人。掌宝玺、符牌、印章，而辨其所用。"侍书：翰林有侍读学士，有侍书学士。侍书掌以六书供侍待诏，又授小内侍书于文华殿东庑。

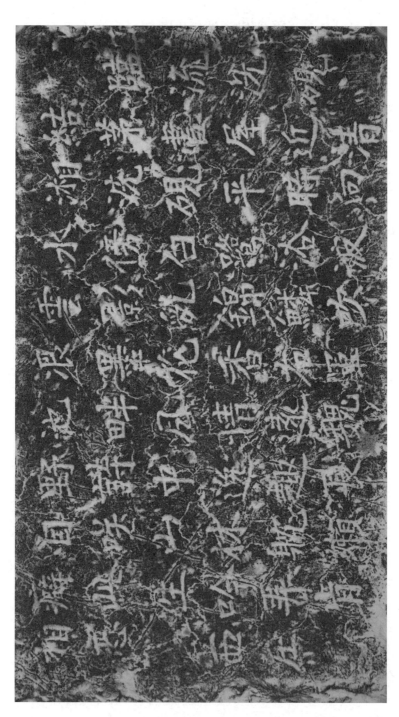

《临流洗砚》诗石刻

30. 临流洗砚

结茅书屋近清湘，洗砚平时向水傍。
白鹭浴波云影乱，锦鳞吹浪墨花香。
右军池畔风情远[1]，魏野诗中逸趣长[2]。
自笑山林耽懒癖，此生吟弄肯相忘[3]。

西　庄

【解题】

诗为七言律。石刻在洞外江岸渔矶区，楷书大字，笔画粗实，打磨平整，刻画深入，故独能完好。

【校注】

[1] 右军：即王羲之，字逸少，本家琅琊临沂人，后迁山阴（今浙江绍兴）。曾任右军将军，世称"王右军"。《晋书》有传。池畔：池即墨池。王羲之善书，为古今之冠，论者称其笔势，以为"飘若浮云，矫若惊龙"。曾与人书云："张芝临池学书，池水尽黑，使人耽之若是，未必后之也。"南朝宋荀伯子《临川记》载："王右军故宅，其地爽垲，山川若画，每至重阳日，二千石已下多游萃于斯。旧井及墨池并在。"

[2] 魏野：字仲先，宋陕州陕县（今河南三门峡）人。《宋史·魏野传》载："嗜吟咏，不求闻达。居州之东郊，手植竹树，清泉环绕，旁对云山，景趣幽绝。凿土袤丈，曰乐天洞，前为草堂，弹琴其中，好事者多载酒肴从之游，啸咏终日。"为诗精苦，有唐人风格。著《草堂集》《钜鹿东观集》传世。《宋史·隐逸传》有传。

[3] 肯相忘：肯，岂肯。

《石台垂钓》诗石刻

31. 石台坐钓

一竿兀坐小矶溪，回首纤尘入望迷。
山火无烟销势利，水乡□□断幽□。
纶钓从不设香饵，风景仅将付品题。
野老有时闲过我，□然长共夕阳西。

【解题】

　　诗为七言律。楷书，无署款。石刻在洞外江岸渔矶区，与28《崖阴避暑》、30《临流洗砚》相邻，可知同为沈良臣所作。

"忘机处" 榜书石刻

32. "忘机处" 榜书

忘机处 ①
同治庚午
仙农题
温飞卿《利州南渡》诗 ②，有"五湖烟水独忘机"句 ③，仙农意不在钓，暇以钓为寄，自题其处曰"忘机"，近乎道矣！

周崇傅跋

【解题】

"忘机处" 3 字，大字榜书，篆体。首尾署款为行书。唐九龄书写。跋文为楷书，周崇傅书写。"同治庚午"即同治九年（1870），与 25《唐昭铣题记》"同治庚午上巳"当为一时所作。跋文末行稍风化磨泐，余皆完整。

【校注】

① 忘机：《列子·黄帝》："海上之人有好沤鸟者，每旦之海上，从沤鸟游，沤鸟之至者百住而不止。其父曰：'吾闻沤鸟皆从汝游，汝取来，吾玩之。'明日之海上，沤鸟舞而不下也。故曰：至言去言，至为无为；齐智之所知，则浅矣。"后称"鸥鹭忘机"。

② 温飞卿：温庭筠，字飞卿，唐太原祁县（今山西省晋中市祁县）人。长于诗赋，韵格清拔，文士称之。初至京师，人士翕然推重。侧词艳曲，与李商隐齐名，时号"温李"。才情绮丽，尤工律赋。每试，押官韵，烛下未尝起草，但笼袖凭几，每一韵一吟而已，场中曰"温八吟"，又谓八叉手成八韵名"温八叉"。《旧唐书·文苑传》《唐才子传》有传。《利州南渡》诗：温庭筠《利州南渡》全文云："淡然空水对斜晖，曲岛苍茫接翠微。波上马嘶看棹去，柳边

人歇待船归。数丛沙草群鸥散，万顷江田一鹭飞。谁解乘舟寻范蠡，五湖烟水独忘机。"

③ 五湖：指太湖，《初学记》引晋张勃《吴录》："五湖者，太湖之别名，以其周行五百余里，故以五湖为名。"此处用范蠡典故。《吴越春秋·勾践伐吴外传》："范蠡曰：'臣闻君子俟时，计不数谋，死不被疑，内不自欺。王其勉之，臣从此辞。'乃乘扁舟，出三江，入五湖，人莫知其所适。"《国语·越语下》："范蠡对曰：'君行制，臣行意。'遂乘轻舟以浮于五湖，莫知其所终极。"

光绪《永禁江坡》碑

民国《永禁水源》碑

拙岩勘察记

拙岩外洞

（一）概述

拙岩位于湖南永州零陵潆滩沈家村，面临湘江，沉隐于天地间，与世久违。明弘治九年（1496）征士沈良臣始于江畔刻石。正德七年（1512），征士沈良臣偕僮仆漫步于潆滩江畔，得群石昂露于下，中有一窟隐隐空通，首尾影映，然荆棘藤萝，芃然四塞，遂命僮仆匍匐而入，薙草伐木，掘去湮塞，扫涤布席，命其窟为拙岩，以拟柳宗元之愚岛，嘱记《拙岩记》。此后，潆滩沈氏兄弟命工刻其平日诗作于石上，交往名士亦多有唱和。清道光《永州府志》卷二上《名胜志》如是记载："（零陵）县西十余里，潆滩临江有巨窟，明正德壬申岁征士沈良臣尧夫始辟之，号拙岩，以拟柳氏之愚岛，有诗记，刻石多剥落，不能尽辨，皆前志所未列于名胜者也。"光绪《零陵县志》卷一著录沈良臣《拙岩成偶书》诗一首："开辟乾坤古，清幽绝世尘。坐疑身在梦，景逼句通神。九夏凉无暑，三冬暖若春。华阳茅洞主，相与结芳邻。"

晚清时期，同邑唐九龄偶然来到拙岩，访其旧迹，慕沈西庄"隐居不仕，守拙林泉，庄子所谓'大巧若拙'（实为老子所言，见《德经》四十五）"之行，重修拙岩，"启壅塞，筑崩溃，安棋局，置渔矶，种竹植柳，构亭于上，刻八景诗于石"（《重修拙岩记》），拙岩又添胜景。其后百余年来，拙岩渐渐湮没。

自零陵前往拙岩有两条路线，一为陆路，一为水路，水路可乘车至潇湘码头乘客舟，经回龙塔，穿越蘋洲大桥，下蘋岛，过鹿角岭，进沙坪里，到拙岩。从陆路行进，驱车经蘋阳路、桃江路，上207国道，又经零陵火车站，距东方科技职业学校约两百米处右转后径直前行，车停潆滩沈家村，走小径步行约15分钟至江边，即到达拙岩。

拙岩岩洞前后贯通，从小洞洞口便可望见湘江。小洞仅能容一人身，长不足两米，却内有乾坤，两壁有沈良臣诗词石刻10通，其中《寄南岳高秋谷先生》一首边有纹饰环绕，颇为别致。过小洞即入大洞，洞顶有一小口与外界直通，洞壁存明清石刻 16 通，《拙岩记》与《重修拙岩记》遥相呼应，唱和诗作记录着当年饮酒唱酬之盛况，唐九龄书法飘逸秀夭，精美绝伦。两壁另有 10 余通磨平的碑面，未及刻字。出大洞，可见洞口左右石壁上亦有无字碑面 5 通。拾级而上，可至八角亭之旧址，唐九龄有《茆亭舫月》诗（《拙岩八景诗》之一）："何地无明月，随宜倒酒瓶。试将真意味，收入此茆亭。"缘阶而下，沿江以行，身右是陡峭的绝壁，壁上明清石刻 6 通，大都风化严重，难以辨认。行数十米有一小平台，即为钓矶，唐九龄所题"忘机处"篆字榜书保存完好。

拙岩开辟至今已有 500 余年，面貌大有变化，唐九龄在《重修拙岩记》中提及的沈尧夫所题篆书"拙岩"二字刻在崖端，而唐氏重修时设置的棋盘则无从寻觅，八角亭也于民国时期被毁，只能见到四块形状不一而上部磨平的基石，指明当年茅亭所处何处，渔矶尚在，却少了"以钓为寄"之人。但是，拙岩石刻仍然有着重要的文物价值和学术价值。宗绩辰在其纂修的道光《永州府志》卷十八上《金石略》中说："古人之迹久存于世者，惟金石遗文耳！图经百年屡敝，遇变，散佚不能补亡。金石历数千载而不泐，或入土后出，或穴山晚见，即销蚀于风雨兵火之后，而残碑剩款，好古者犹能据欧、赵之籍，出珍秘之藏，以相订正。其中时代、姓氏、官爵、道里，皆足以辅翊图经，匡谬补阙。故近世精考鉴者多列之方志焉。"石刻作为金石的一种，同样具备金石的种种价值，能够为学术界提供新材料。

明隆庆《永州府志》记载沈良臣撰有《纤尘弄影集》一册，清道光《永州府志》则载沈良臣有《拙岩集》，然两书皆佚，拙岩中保存的 10 余通沈氏诗词石刻略微弥补了这一缺憾。此外，与沈氏兄弟交往的名士和后世来拙岩游览者也留下一些诗文石刻，不仅可以再现拙岩的历史面貌，亦可补缺来游人物之遗事。

本次考察活动范围包括拙岩小洞内、大洞内、大洞口和江岸渔矶四区明清两朝全部现存摩崖石刻，统计石刻共计 32 通，以诗刻为多。通过对拙岩的实地考察，我们掌握了拙岩现存石刻的详细状况，再结合拓片与相关地方志资料，方可详细全面地展示拙岩现存石刻状况。

为研究方便，特绘《永州拙岩石刻示意图》一套，示意图共有 3 幅，依照拙岩的环境特点划分为四个区域，其中小洞内区与大洞内区合为一幅，大洞口区与渔矶江岸区合为一幅，并从小洞内到江岸渔矶标记出连续的序号。所绘为平面图，不按比例尺绘制，两张图的比例也不一样，主要作用在于标明石刻与石刻之间的相对位置，方便今后研究查找。

文字著录中的序号与示意图对应，每条详细著录每幅石刻的年代、作者、主题、尺寸（厘米）、书体、行数和保存状态。石刻年代为明代至清代，最早一方为明严大用、沈良臣弘治九年（1496）石刻，弘治丙辰岁季秋望后五日作。其次为沈良臣嘱记的《拙岩记》，明正德壬申岁（七年，1512）季夏月吉旦作。

（二）著录

1. 明沈良臣诗刻《寄南岳高秋谷先生》，65×41 厘米，10 行，每行 14 字，楷书，边有纹饰如碑志，保存完整。

2. 明沈良臣诗刻《寄周西庵》，55×26 厘米，13 行，每行 5 字，楷书，保存完整。

3. 明沈良臣诗刻《摸鱼儿·春江坐钓》，50×32 厘米，15 行，每行 10 字，楷书，保存完整。

4. 明沈良臣诗刻《登南岳次韵》，44×24 厘米，12 行，每行 6 字，楷书，保存完整。

5. 明沈良臣诗刻《月艖小隐》，42×30 厘米，10 行，每行 7 字，楷书，保存完整。

6. 明沈良臣诗刻《春怨行》，46×26厘米，13行，每行8字，楷书，保存完整。

7. 明沈良臣诗刻《茅亭坐雨漫兴》，27×22厘米，11行，每行7字，楷书，保存完整。

8. 明沈良臣诗刻《游仙词次韵》（4首），67×34厘米，17行，每行9字，楷书，保存完整。

9. 明沈良臣诗刻《右调玉蝴蝶·柬严少卿》，52×32厘米，15行，每行8字，楷书，保存完整。

10. 明沈良臣诗刻《洞庭清兴》（2首），50×35厘米，14行，每行10字，楷书，保存完整。

11. 明正德七年《拙岩记》，作者不详，75×53厘米，17行，每行31字，"拙岩记"3字篆书，余皆楷书小字，保存完整。

12. 明沈良臣诗刻《潢滩庄屋书事》，43×26厘米，11行，每行6字，楷书，保存完整。

13. 明史良弼诗刻《奉和庄屋书事》（2首），55×24厘米，17行，每行8字，楷书，保存完整。

14. 明沈良佐诗刻《重步潢滩书事》，50×22厘米，12行，每行6字，楷书，保存完整。

15. 明陈衮诗刻《题月艖次韵》，74×22厘米，16行，每行4字，楷书，保存完整。

16. 明陈琏诗刻《题拙岩》，40×30厘米，8行，每行7、8、9字不等，楷书，保存完整。

17. 明吴坤诗刻《题拙岩和韵》，33×30厘米，8行，每行7字，楷书，保存完整。

18. 清光绪六年（1880）唐九龄诗刻《拙岩八景诗》（8首），72×58厘米，17行，每行20字，行草，保存完整。

19. 明蒋鳌诗刻《次拙岩韵》，27×27厘米，7行，每行7字，楷书，保存完整。

20. 明陈衮诗刻《次拙岩韵》，30×26厘米，8行，每行7字，楷书，保存完整。

21. 清唐九龄《重修拙岩记》，59×30厘米，14行，每行10字，行草，若干字人为凿毁。

22. 明章表诗刻书《拙岩次韵》，42×25厘米，9行，每行6字，楷书，保存完整。

23. 明沈良臣诗刻《拙岩成偶书》，44×31厘米，9行，每行6字，楷书，保存完整。

24. 清唐九龄诗刻《重修拙岩》，48×33厘米，9行，每行6字，行草，保存完整。

25. 清同治九年（1870）唐昭铣《唐昭铣题记》，48×33厘米，10行，每行8字，楷书，保存完整。

26. "拙岩"2字榜书，25×15厘米，篆书，在大洞外崖顶，保存完整。

27. 明沈良臣诗刻《江畔闲□》，43×49厘米，9行，每行7字，楷书，磨泐。

28. 明沈良臣正德七年《崖阴避暑》，49×48厘米，9行，每行9字，楷书，保存完整。

29. 明严勋、沈良臣弘治九年石刻，308×35厘米。尺幅极长，磨泐严重。首端标题难辨。正文字略小，内容为诗或文不详。末端款跋7行，字较大，略可辨识。

30. 明沈良臣诗刻《临流洗砚》，47×27厘米，11行，每行6字，楷书，保存完整。

31. 明沈良臣诗刻《石台坐钓》，43×32厘米，9行，每行7字，楷书，保存完整。

32. 清同治九年唐九龄榜书"忘机处"，130×41厘米。"忘机处"3字，篆书；署款2行，草书；周崇傅跋，楷书。保存完整。

（三）示意图

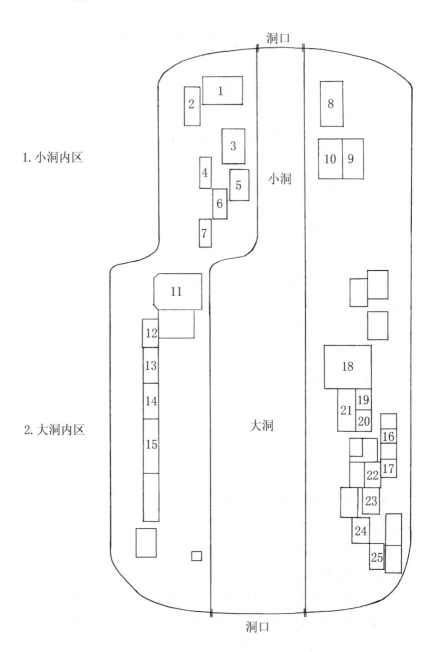

永州拙岩石刻分布示意图（一）

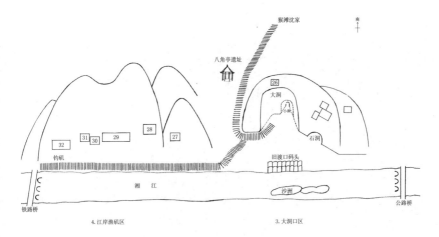

永州拙岩石刻分布示意图（二）

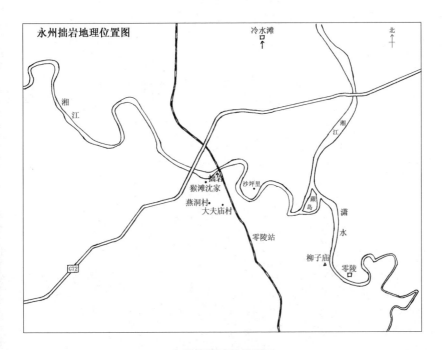

永州拙岩地理位置图

三

沈辽对潓滩的书写与地方景观

岫世事悲歡空夕陽我欲乘風學鶴冠冷然有意尋

滄浪滄浪無人誰與遶青山路遠煙茫茫

矣灘

江流激激過矣灘更上山頭者打盤百歲老人親擊

鼓城中真樂樂不相干

書堂寺

蒼山古木書堂寺北下湘川百餘峀誰云往來傾世

界至今人道安禪處豈無驚蛇與飛鳥後來那復知

其趣我身不知今是不空記名稱你々

日道

日道緾南復緾北蓬戶長開少人迹三噫七哀非我

意我身乃是投荒客

龎公

襄陽龎公必撿束白頭女冠亦不禿世所奔趨我獨

奄我已有餘彼不足鹿門有月樹下行江漢無風舟

上宿不識當時捕魚客但愛長康畫金粟金粟杜口

不復言龎公為人不夸俗東西有人閒老夫但道明

燈照茅屋

《沈氏三先生文集　云巢卷》中关于溇滩的记载

　　拙岩位于湖南永州零陵溁滩沈家，最早关注溁滩的是北宋诗人沈辽（见《沈氏三先生文集》中的《云巢篇》），并引起了明清文人的吟咏刻石。

　　沈辽（1032—1085），字睿达，钱塘人。为人洒脱，长于诗书，年少笃学好道，早著才名，与苏轼、蒋之奇等名流往来密切，时人对他推崇备至，黄庭坚称赞："少日名满诸公，闻读书取友、书字作文字，敖倪一世，以自为师。"沈括《梦溪笔谈》谓："从弟辽喜学书，尝曰：'书之神韵虽得于心，然发度为资讲学。'"书艺为王安石、曾布等所取法，王安石赠诗赞叹"风流谢安石，潇洒陶渊明"。在《云巢篇》中收录了沈辽留下的诗文，内容丰富，是考察北宋人文景观，与文人、佛教相互交流的重要文献。其中，有不少游憩之作，对愚溪、澹岩等景观一一考察，即兴感悟，信手拈来，贯注着深远的意趣。

（一）羁旅潇湘与地方文化语境

　　沈辽流落潇湘，在《宋史·沈辽传》中有记载："以太常寺奉礼郎监杭州军资库，转运使使摄华亭县。他使者适有夙憾，思中以文法，因县民忿争相牵告，辞语连及，遂文致其罪。下狱引服，夺官流永州，遭父忧不得释。"《云巢篇》附录的《沈睿达墓志铭》云："是时荆公自参知政事为宰相，当国秉政，更新法度，而睿达议论浸不合，以是见疏。亦会以审官主簿罢去，遂摈不用，及谪零陵。"当时王安石主持新政，大举更改法令，沈辽之意总让安石感觉不能符合心意，日益疏远，后因华亭民众官司案，牵扯致罪，"遂摈不用，及谪零陵"。又，据沈辽《花药山法堂碑》记载："元丰二年，余为湘南客，始闻其事。"也就是从"元丰二年（1079）"开始，沈辽此时夺官闲居永州，与柳宗元一样，留下了很多羁旅永州的作品。

　　《云巢篇》中的《九龙洞》，是此次罢官至永州途经九龙岩所作，记录驿程。在诗文中，作者将自己比作嵇康："叹息此生来已晚，更将残命笑嵇康。"在这次夺官风波中，时年已47岁的沈辽内心充满伤感。本来，嵇康为魏晋时"竹林七贤"之一，倡玄学新风，性格峻急刚烈，为人孤介。"叹息此生来已晚"，语似旷达，实多悲愤，烘托出自己也是因为刚直峻切，言辞难免意气，鲠于言论得罪权贵，故遭到黜落远行，以"更将残命笑嵇康"，穿透内心不便言说的感情。

沈辽到楚南之地后，一直沉浸在荣辱升沉的极大反差之中。在设喻取象上追怀柳宗元，写得很有"特色"，"山后山前到已频，更寻残雪过西津。愚溪愁客今何在，应有猿猱解笑人"(《西津》)。从字面上看，诗写的是游历山水，路过西津的过程，尽管西津至今难以寻觅，但诗中表现的孤寂却至今能感受到。听闻猿猱凄凄哀鸣，意指地处荒僻，本意上有着某种贬喻之意。而柳宗元在永州，作有多首猿声独鸣的诗文，诸如《入黄溪闻猿》"溪路千里曲，哀猿何处鸣"，以"哀"字衬托猿猴在山林间的孤鸣，使人闻之清冷神凄。在对"猿猱"的联想中，沈辽还作有《渡西》以遣怀："百家渡西日已落，青山上下猿鸟乐。欲因新月望吴云，遥看北斗挂南岳。一梦暗暗已十秋，古人不死终未休。草舍萧条谁与语，清香吹过白蘋洲。"以"猿鸟乐"象征寂寞孤独，又以"清香吹过白蘋洲"有意突出了凄冷幽深意象，反观自身，形单影只，悲怆而无奈。

流寓潇湘，孤单寂寞，沈辽记述沿途所见山川形胜的诗文并不多，作有《舟行》，表达旅途中的心绪："我舟莫行疾，我家日已远。行迟终不到，不到何由返。吴楚千万里，江山道回转。回头多伤感，方寸不胜乱。"起首点明"我舟莫行疾"，以倒叙的效果突出内心的纠结——长途跋涉，满怀离情被风浪飘荡激化，重重阻隔，尝够艰辛。"我家日已远"，远离故土，衬托内心感慨，说明已开启了流放生涯，次以"终不到"衬托路途的遥远，相比江南，"江山道回转"，山水蜿蜒，曲折透迤，荒远僻陋，亦象征着怅然若失的人生困境。远离家乡的向往与内心迷茫的羁旅，暗含着自己与道路的深层关联：道途艰难，联想到自己暮年漂泊失所，让人深切地感受到个人遭际的痛楚。

排遣悲忧苦闷，沈辽徜徉山水之间，触动了许多的感触，"黄叶渡头春水生，江中水车上下鸣。谁道田间得机事，不如抱瓮可忘情。"从黄叶渡的春水到水车、田间耕种，延伸到"抱瓮""忘情"，远离世事纷扰，以单纯方式描述"理想"的隐居。再如《春日二绝》，描述了流落生活的情景："壁下茶铛久不黔，更无白眼与人嫌。春来老困还堪睡，时有狂风入破帘。""寂寂山间谁与言，闷搔短发向香烟。死灰朽木君知否？不似胡人面壁禅。"看似写山村景色与日常生活，貌似平易，实则充满忧虑。在艰难百端的贬居环境中，作者以"茶铛"指示清寒简单的生活，"白眼""人嫌"虐说人际交往冷寂，疏远俗世，顾影自怜，而云山苍苍，更衬托出所居之处的僻静清穆。又将自己比为"面壁禅"，知音难觅，心如"死灰朽木"，触发其内心深处的失意。弦外之音，羁旅潇湘，生活的无聊、心理的敏感以及灵魂的无依使得自己并无优游闲适之感，孤独自困，反而加深了内心的痛苦。在流徙颠簸之余，或读书以耽时日，或踏遍山山水水，从潇湘的视觉印象与诗歌意象中悟出与世沉浮之道，诸如《泛舟上湘口馆》："潇水漫南来，湘川趣东下。二水始相会，清豪不相藉。山回石濑出，木老修烟嫁。泛泛白蘋洲，林风媚如画。宿昔感骚愤，幽兴遥相借。不谓垂老年，羁旅穷山舍。潮来刺舟去，孤月临清夜。安得胯鲸鱼，不复人间化。"清深的潇水从九疑漫来，湘水自阳海山流下，二水在白蘋交汇，加上草木苍苍，景色"如画"，游弋潇湘，"孤月"悬照，"不复人间化"，自然融贯着潇湘意象的理念。又如《将行泊潇江》："湘山潇水愁无度，更泊孤舟夜雨中。"潇湘是二妃的神灵所居，湘君与湘夫人的凄美爱恋，加重了山水的"愁无度"，所见之境与所历心境深染在潇湘的氛围之中。再加上屈原愁屈冤结，"心衰目极何可望，九歌寂寂令人哀"（《沧州亭怀古》），使得二妃的哀怨惆怅与屈原耿耿忠志，隐喻为历代迁客生涯的写照。

由忧患磨难而反思人生，在困顿中不断读书、探寻，以获得内心自澄："病骨惽惽百不如，不应投老更看书。古今得丧今方辩，且向斜阳弄蠹鱼。"(《读书》)"病骨""蠹鱼"不仅仅是指慵懒读书，也暗喻作者的"愚蠢""无用"，在日暮烟波的记忆中，给人强烈的视角印象与心理压力，夹缝中生存谈何容易？与流寓潇湘的许多士人一样，沈辽借"潇湘"的意境抒发内心的感慨，最典型的是《走笔奉酬伯昌示〈潇湘烟竹图〉》歌咏潇湘的诗画，"三年潇湘客，不厌潇湘游。二水相会处，下有白蘋洲。洲上多美竹，出没清浅流"。赞赏山水美的同时，把自己和山水融化在一起，借以寻求人生真谛——"最爱苦雨时，吾尝挥轻舟。乐与渔人相往返，其意岂在网与钩？"渔樵隐于山水之间，逍遥容与，远离名利。阮籍《咏怀》有"渔父知世患，平流泛轻舟"，其知山水又达道的闲心逸情，成为遁世的隐喻。沈辽借与"渔人相往返"的情境，希望忘掉得失荣辱，去体味俗世中缺少的自在与悠远。由此看来，清幽的自然风光和清闲的贬谪生活，给沈辽提供了新鲜主题。他散愁息虑获得心灵的解放，也将潇湘清峻绝异的林泉之美尽收眼底。

黜居期间，沈辽与佛道僧人有过密切交往，借佛道排遣苦闷。文集中有《送僧应参禅》《召楚兴禅师》等诸多诗文，"先知大士当行化，故卜幽栖为结缘"(《奉寄零陵太平禅师》)。相比于争名夺利的官场倾轧，僧人有一种超越的情怀，沈辽以"幽栖"潇湘，"结缘"禅师，活参妙解，希望暂时忘怀世俗苦闷，达到精神上的宁静。在闲暇之余，沈辽遍访佛道场所，《禅僧岩》云："潇湘山水穷欲偏，最后乃得禅僧岩。禅僧成道久已化，独有崖崿青巉巉。"又如《澹山岩》云："秦时隐君去成仙，空留石床水云般。"洪武《永州府志》载："在秦有周君贞实，避焚坑之祸，隐于此，石床、石井犹存。唐兴，有僧到崖下，坐盘石，敷演法华真常妙理。见二蟒各长数十尺，盘于前，师曰：'若受吾训，当释汝形。'须〔臾〕化双狐，能飞鸣，名曰'训狐'。师居崖中，凡五十年。"沈辽由此典，从而导出"恨无仙骨空盘桓，欲留未可终当还"的感慨。周贞实避乱遁居，栖隐此地，化俗为雅，引发对自己"无仙骨"空有遗憾，其深层的暗喻是对得道成仙的向往。

与众多士人追寻元结对水石胜境的喜爱迥然不同，沈辽对元结的钦慕，更在于社会情态："前日岩间欲结庐，下眺江水百步余。春水溅溅出乳窦，青山白石半涴涂。不到津头已三月，谁知江水涨天墟。遥望横流不敢济，岩日已有人罾鱼。"（《观大水望朝阳岩作》）失意之中，凭栏远眺，作者并没有追随元结，而是将视线投向浩浩的江水。他的郁闷，他的失落，全在这江水之中了，"谁知江水涨天墟"，福祸之至，犹如此水，在这样的时世，眼中的苍茫恰如汹涌的江水，随着风浪颠簸。"遥望横流不敢济"，以朝阳岩大水的壮观景象为始，将目光转向百姓的疾苦，目睹百姓为了生活而艰辛地劳作网鱼的情形，深有感触，内心全是浑浊的江水，也给潇湘笼罩了一层黯色。事实上，对于潇湘的诠释，沈辽由景生情，用心去观察自然百态，有不少刻画风俗民情的记文记载："三湘之间，惟永为奥，区土俗朴，甚不杂五方志民，故其人纯一而少事。"（《天庆观火星阁记》）直抒胸臆，幽僻奥狭的自然环境，赋予民众淳朴温厚的品质，自然与心境的契合，追寻一种淳朴自由的境界，这也增厚了潇湘意象的书写。《火星岩》一诗云："火星岩下石峻嶒，殿阁相望止一僧。莫问人间兴废事，门前流水几前灯。"前句摹写物象，说明火星岩的石甚峻峭，后句抒发心境，以"莫问人间兴废事"为结束，远离风浪，谢弃积习，杜门隐居，向往轻松通脱，诉诸一种优游从容的生活。也许，这就是沈辽向本来的自我回归。

黄庭坚在《睿达帖》中尝言："沈睿达自评甚高，虽少时坐豪侠不自贵重，中年流落不耦，做人乃有边幅，废弃不得列于士大夫，而文章之气不少挫。今日追数平生交游，如睿达不易得也。"流落遐荒的生活已没有少年时期的心高气傲，飘零异乡，人生蜕变，更多地将内心情感外射到潇湘的自然山水之中，延伸了对潇湘的观感。

（二）"溪滩""书堂寺"的胜迹追踪

作为游历潇湘的延伸，《云巢篇》中有一组题咏"溪滩""书堂寺"的诗文，系最早题咏溪滩的诗文，创造了潇湘新的"胜迹"，值得特别注意。

沈辽追寻柳宗元，屐履所及，必有吟咏，又刻意求新，开创新的胜景。从《潢滩》一诗看："江流激激过潢滩，更上山头看打盘。百岁老人亲击鼓，城中忧乐不相干。"这四句上半写景，下半写人，既静止，又延绵，非常精彩。潢滩是一个饶有诗意的地方，"江流激激""更上山头"反映的是潢滩的地理空间特点，即典型的水石环境。这使人联想到沈良臣《春江坐钓》"客棹舣，往来频、有时惊散无停止"，水流奔腾，风涛撼石，地势险峻，往来湘江筏桨撑船时"惊散"不断，这是潇湘的险要之地。另一方面，在这个潢滩细节的描写中，反衬的是当时的人文环境——超越世俗的渔樵之地，丝毫没有车马的喧嚣，只有村民在"打盘""击鼓"，可居可游，超脱于世俗利害。在这一情景中，"激流"与"击鼓"的意境是完全不一样的，使我们不得不惊叹：一方面潢滩水流飞奔，江水滔滔，一方面山民从容恬静，"打盘""击鼓"与世无争，呈现一幅闲适之趣。也正是在这样一个自然与人文的交叉点上，水的流动与人的悠闲，情思的流动与内心的恬静，这两对概念表面上看是矛盾的，但却将潢滩与众不同的意境形象地体现出来，成为文学情思与意象的支撑。自明弘治九年（1496）始，潢滩成为一个"拙隐"文化的历史现场，令后人争先题咏。而沈辽《潢滩》的书写，正是拙岩景观的开篇之作。

以水路交通，由潢滩溯源而上，即是书堂寺，相去不足 10 里，因此《云巢篇》中《潢滩》的后一首诗即是《书堂寺》："苍山古木书堂寺，北下湘川百余步。谁云往来倾世界，至今人道安禅处。岂无惊蛇与飞鸟，后来那复知其趣。我身不知今是不，空记名称你常住。"

沈辽工于书法，对怀素是深谙于心的。《沈睿达墓志铭》载："妙于楷、隶，诸书备古人体，寸墨尺纸，落笔辄为人争取。"其书法成就颇高。在《云巢篇》明覆本题后有注："书堂寺，藏真故栖也。"藏真即怀素，书堂寺为怀素的出生之地，这也是最早对怀素故里记载的诗文记录。尽管"茶圣"陆羽《僧怀素传》对怀素事迹有详细记载，但籍贯失记。沈辽的题注，无疑确定了怀素故里在人文地理上的坐标，此后史志文献的编修，均沿袭此说。

文中"往来倾世界"即是指怀素，陆羽《僧怀素传》有："吏部韦尚书陟，见而赏之，曰：'此沙门札翰，当振宇宙大名。'"韦陟也曾以"振宇宙大名"评价怀素，说明怀素在当时的巨大影响力。"湘川百余步"即距离湘江仅百余步，呼应着《溉滩》诗，反映二地均处在湘江上游，遥遥相望。而"惊蛇""飞鸟"是理解书堂寺的关键所在。一方面，怀素书法如骤雨旋风，千变万化，其鬼斧神工之妙，令人浮想联翩。另一方面，也包含着柳宗元、陶渊明等隐逸形象的指称，恰如《捕蛇者说》"孰知赋敛之毒，有甚是蛇者乎"。《饮酒》"山气日夕佳，飞鸟相与还"，各臻其妙。这样一个充满意境之地，赋予了现实与人文的双重意义，后人"那复知其趣"，彼此反衬，在时光的淘洗中，折射出怀素名扬京城的声誉与故里沧桑荒凉的异样景象，也让作者产生"我身不知今是不"的失落叹息。

与《书堂寺》相映成趣，《云巢篇》卷六更有《素公》一文纪咏怀素，形成互补意义上的关联："怀素善书，我知其然。能得此道，造于幽玄。始其操觚，媚于孟盘。厥功之成，其盘三穿。在唐中叶，号为多贤。草法之妙，未畅其传。迨为律师，落笔翩翩。学士大夫，为之聋焉！才逸气豪，辞藻相鲜，遗风至今，清如流泉。嗟为白首，来游湘川。过师故栖，访其遗妍。有冢嶙嶙，有池渊渊。不瞩其人，唯余苍烟。"从"我知其然"，可知沈辽对怀素的事迹是深谙于心的。而在诗意上，"其盘三穿"出自陆羽《僧怀素传》："书不足，乃漆一盘书之，又漆一方板，书至再三，盘板皆穿。"而"落笔翩翩""清如流泉"有意突出了怀素不师古法而浑然天成，草书有着气势飞动之妙，借之说明作者对怀素书法自得于心，"过师故栖"，即经过书堂寺，"唯余苍烟"，恰好折射出怀素声名与故里异样的历史。回思自己，作者正是借怀素自叹。

（三）"娱肆山水间"以追寻柳宗元

《沈睿达墓志铭》云："及谪零陵，自娱肆山水间，益刻苦为文，追子厚之作。"经历了官场黜免后，沈辽踏访柳宗元履痕，在交错的时空中感受当时的心境，构筑了潇湘的历史记忆。

与柳宗元遭贬的地域相同，又对柳宗元深陷斗争漩涡感同身受，他们都需要宣泄内心悲情，因此在主题上找到心灵契合，形成了幽微痛切的精神相会。柳宗元题咏幽栖山林之景的深层内蕴，也成为沈辽心境表达的投射。在卷六的《像赞》中专门列有《子厚》一文："我游愚溪，我思若人，孰使之文，而罹其屯。譬彼璆琳，谁不汝珍，一毁于琢，遂投穷津。孰贤而昌，孰拙而堙，唯其所遭，毁誉乃振。子厚之贤，胡不是循。泣歧叫昏，犹幸一申，或怒或疾，越十二辰。曷若其默，以休天均。我来溪旁，想其封神。阴崖之竹，下濑之蕨，十世以还，半为荒榛。当时宠华，俱为黄尘。世或为名，有伪有真，谁如子厚，轲雄之邻。"长庆元年（821）韩愈撰《罗池庙碑》，对柳宗元政绩做了多方面称扬。作为后来者，沈辽"我游愚溪，我思若人"应指元和元年（806），柳宗元贬永州司马，穷愁失意，遗世退隐，择山水之尤兀奇处，排解内心的恐惧与苦闷，使山水染上了个人际遇的喟叹。而正是有了柳宗元的书写，籍籍无名的永州山水便显得不同寻常，柳宗元与永州可谓两不相负。沈辽仰慕柳宗元"孰贤而昌，孰拙而堙"，不是官场中的钻营取巧，而是一种远离世俗利害的淡然，尚永亮先生指出："翻阅柳宗元的山水游记，可以突出地感觉到，他笔下呈现的大都是奇异美丽却遭人忽视、为世所弃的自然山水。"而从"当时宠华，俱为黄尘"，也正因为相同的人生经历，沈辽才寻求静穆、淡远的生命形态。因此，《子厚》既是对柳宗元遭际的深深叹息，也是对自己命运蹭蹬的感伤。特别值得一提的是，与柳宗元"后先生盖千祀兮，余再逐而浮湘。求先生之汨罗兮，揽蘅若以荐芳"的情感一样，沈辽对屈原也是心有戚戚，贬途经过汨罗时，作有《屈平》"彼已不我待，吾将怀彼那。至令汨罗水，予客泣清波"。与楚地地理环境产生感应，凭吊屈原，沈辽与柳宗元异世同恋，极其相似的人生经历，怀才不遇的愤懑心情，均充满了沧桑感喟。

倾慕柳宗元，优游湖山，遍访遗迹，沈辽作有《石角山》等诗文，"步屦出东津，遥跂石角山。山回道亦转，卓荦烟云间"。石角山位于零陵东北方向，其上有石峰，连起参错，奇峭如画，元和年间柳宗元有《游石角过小岭至长乌村》："石角恣幽步，长乌遂遐征。磴回茂树断，景晏寒川明。"渲染石角山幽静、荒寒的景色，从而感叹"志适不期贵，道存岂偷生？久忘上封事，复笑升天行。窜逐宦湘浦，摇心剧悬旌。始惊陷世议，终欲逃天刑"，由对世态炎凉的恐惧，到心中的抑郁情绪有了舒展，表达自己归隐山林，"释志东皋耕"的愿望。沈辽的《石角山》显然是系承柳宗元而来，借峭厉突怒的石角抒发自己郁怒不平的心志。又如《散郎亭》："法华寺上散郎亭，老树苍崖如有情。欢戚已随时事去，代间只有古人名。"柳宗元在法华寺下建有西亭，"步登最高寺，萧散任疏顽"，如今寺庙、亭台、老树依旧存在，人所经历的一切似乎都不可回转，时移世易，沈辽借题发挥，言法华寺下只留有空名以安顿无聊的心灵，很显然，这是个人情感的深层契合。

沈辽是有意识地追寻柳宗元，以独特的眼光观看和描写潇湘的山水和人事，从中找到自己的身影，获得心灵的栖息："余读子厚书，始闻钴鉧潭。榜舟西江下，振步愚溪南。高下凌山阿，松篁蔽秋岚……古木为钴鉧，土音正相参。所记或不然，信书殊未耳。此公废已久，山水穷年耽。造化毫楮闻，浮实微相锁。幽心有默识，西归助清谈。"（《钴鉧潭》）这首诗值得注意的有两点：第一，提笔即云"余读子厚书"，直接表明了他们之间的渊源关系。第二，穷尽物态，任运自然。松篁高可蔽日，溪水曲折流荡，与柳宗元诗歌"有树环焉，有泉悬焉"，"于高者而坠之潭，有声潀然"，如出一辙。可见，沈辽对其中的意境，可谓是再三揣摩，扩散着柳宗元笔下孤峭寒寂、静穆淡远的影响。对于柳宗元诗文特点，《柳文指要》称"柳子厚山水记，似有得于陶渊明冲淡之趣，文境最高，不易及。古人文章，有云属波委、官止神行之象，实从熟虑生出，所谓文入妙来无过熟也"。沈辽的好友苏轼也说道："柳子厚诗在陶渊明下……所贵乎枯淡者，谓其外枯而中膏，似淡而实美，渊明、子厚之流是也。"用自然山水记录自己的心境，不事藻绘，呈现了旷达人生，在某种程度上说，也将文学推进到新的境界。

　　受柳宗元熏染，沈辽作有两首《愚溪》，反复吟咏，最具深度。"愚溪水中多圆石，水边竹树山如壁。夫子幽栖十二年，至今使人长叹息。"在这深邃幽静的地方，柳宗元追求理想而不得，怅然若失，将冉溪改为愚溪，以一种相互隐喻的关系说明自己与溪水的关系，"虽辱而愚之"，于淡泊中见峭厉。同样经历了官场黜免后，来到永州，对沈辽来说有着感同身受，在诗文上有着深层的共鸣——由愚溪触发其诗思，因水流峻急，岩石撞击而为圆形起首，继踵竹叶密与山如壁，依旧如故。这与柳宗元《愚溪诗序》有着一脉相承之处："夫水，智者乐也。今是溪独见辱于愚，何哉？盖其流甚下，不可以灌溉；又峻急，多坻石，大舟不可入也；幽邃浅狭，蛟龙不屑，不能兴云雨。无以利世，而适类于余，然则虽辱而愚之，可也。""愚溪"之"愚"，乃因其于世无用，柳宗元借得山水尺度，在悲愤的氛围中自适自得。沈辽有意题咏赋诗，心境像这些"圆石"一样，借历史感怀隐喻内心忧念，包含对自己年老夺官的悲哀与无奈。因此，极尽赞美之能事，将柳宗元比拟为"夫子"，与孔子比肩，二人相知相惜。最后一句"至今使人长叹息"，透露出作者内心的郁结所在——心境像这些"圆石"一样，个中深意或堪琢磨。

　　经过时光的淘洗漂滤，沈辽很快改变了羁旅心态。如果说第一首《愚溪》是初到潇湘的落寞与灰暗，那么第二首诗则渐渐转入平和冲淡，在逆境中超然，呈现了寓居潇湘后的静默与陶然："人生无百年，外物安可迷。溪水泻石间，喧喧如鼓鼙。了无人世想，粗可休天倪。吾亦被黜黜，东山饱蒿藜。二年已数至，屐齿连山溪。行亦归三吴，孤猿安故栖。它年若有梦，邂逅识江西。"愚溪依旧是树木参差披拂，泉石冷峭怪特，但昔日的愤懑无奈已趋于平淡，情不自禁地抒发了人生感慨——人生稍纵即灭，云卷云舒，在山水中表达一种恬淡的沧桑感。"江西"即是陶渊明，时隔两年，心境已非当年，使他产生了"此中有真意，欲辨已忘言"的悠然心境，就像回到田园中的陶渊明，那么怡然自得。换言之，沈辽通过愚溪与南山的想象连接，增添了一个"桃花源"式的形象，陶然其中，沾上了闲淡冲和的气息，令人遐想不断。沈辽此时笔下的山水不再是枯寂凄暗的，而是充满冲淡闲逸之趣，其平和旷远的心境，与柳宗元寓中幽怨、冷峻颇有不同，其追求自然适意的生活情趣也恰好反映了沈辽"潇洒陶渊明"的气韵。

在沈辽结束了漫长羁旅生活后，作有《感昔游》寄存记忆："江南二月春水生，不如春草满山青。江南故人半不在，不如春水似有情。三年放逐三湘客，今日归来头欲白。欲寻旧游心更懒，青山闭门长寂寂。"三年的贬谪生活，见证了时间的流逝与人世的代谢，各种思想情感叠加，作者以"归来头欲白"说明了一切沧桑变幻。余音袅袅，"青山闭门长寂寂"，从容步入与世无争之途，以此映衬自己的政治情感——不以仕途显晦而萦乱于心，筑室秋浦齐山，名"云巢"，只有记忆中"春水""青山"伴随着失落的灵魂。从这一点上说，夺官潇湘可谓是沈辽生命的沉潜，不仅是柳宗元在宋代的追随者、代言人，也是潇湘山水的感受者、记录人，在轻描淡写中递增了潇湘的历史图景。

四

沈良臣与拙岩山水唱和诗文

拙岩山水

拙岩上通湘江，下连潇水，处于潇湘地理空间与文人题咏的交叉点上。沈辽寻奇访幽发为吟咏，于是有了潕滩意境的诗篇。到了明弘治年间，本地乡贤沈良臣以摩崖刻石的方式，留下诸多诗文，创辟拙岩文化景观，与山水相映生辉，成为特有的文人记忆与文化生态。

（一）"拙于隐"：拙岩的人文历史地景

文人好咏潇湘，不仅因潇湘景色迷人，具有潇湘二水合流的位置优势，也因清深幽远的意境，成为文人借题抒情的象征之地。明正德七年（1512），拙岩的开创者沈良臣，效仿柳宗元愚溪而将岩洞命名为"拙岩"，成为文人佳日游集之地。沈良臣号"西庄隐人"，受征不仕，隐居故里。出于寻奇访幽的兴趣，开掘了拙岩。佚名的《拙岩记》载："散步潕滩江旁，得群石昂露于下，中一窟隐隐空通，首尾影映。而荆棘藤萝，芄然四塞，吾疑之必兽穴也。命僮秉斤锸缺隙，匍匐而入，即薙草伐木，而芜芟秽而焚之。岩之中，土曼不能立，更锸之畚之，掘去湮塞，遂夷然宽敞，朗然一岩洞也。吾喜之，扫涤布席，可坐二十余宾。吾又怪兹岩不擅于古，而沉隐于今日，号曰'拙岩'……"拙岩沉隐于湘江之间，宛若遗世隔绝，沈良臣偕僮仆剪除荆榛，梳浚湮塞，扫涤布席，命名"拙岩"，将文字嵌入山水之中，形成一个新的意义空间。

道光《永州府志》载："（零陵）县西十余里潕滩，临江有巨窟。明正德壬申岁，征士沈良臣尧夫始辟之，号拙岩，以拟柳氏之愚岛，有诗记，刻石多剥落不能尽辨，皆前志所未列于名胜者也。"拙岩的命名，与潇湘区域地理特征关系特别密切。从唐宋始，元结"至零陵，爱其郭中有水石之异，泊舟寻之，得岩与洞"（《朝阳岩铭序》）。柳宗元的《冉溪诗序》云："余以愚触罪，谪潇水上，爱是溪，入二三里，得其尤绝者家焉。"沧桑沉浮，他们以"浯""愚"书写山水，命名名胜。拙岩的开辟，传承元、柳以来摩崖文学的遗风，取义周敦颐《拙赋》"巧者言，拙者默；巧者劳，拙者逸；巧者贼，拙者德；巧者凶，拙者吉"，开辟了拙岩石刻景观，寄托儒学义理的内涵。从风格看，拙岩与浯溪、愚溪文化渊源有异曲同工之妙，他们以朴拙达至高远，传递出一种与世无争、荡涤心绪的文人情怀。

与拙岩意境相映成趣，拙岩附近刻有一幅《永禁江坡》石刻，为光绪二年（1876）所刻，记录了潓滩的地域生态环境："上有张白之胜景，游乐似夫陶潜；下附拙岩之涘涯，遣胜效夫钟子。西瓜高砖之两峰，作南保卫；渔矶沙洲之一派，为北岼嵝。"潓滩濒临湘江，上有渔隐之地，僻静清幽；下有拙岩波涛积石，友朋同好吟诗刻石；崖石或峭壁屹立，或玲珑剔透；对岸江坡，树林与竹丛丛立，又有停泊的渔船。这种意境，与文人题咏"潇湘"的心境有着极其类似之处，因此，拙岩刻石的背后，隐含了潇湘意象的文化史。

在特殊地理环境的影响下，由沈良臣导夫先路，赋予拙岩特殊的意义，蒋鳌、陈衮等人"跟帖"，不绝如缕，他们或赏景酬咏风物，或阐发幽情孤诣，留下了大量诗文题跋，寄托隐逸。同光年间，唐九龄倡导，参与题咏活动的包括嵇有庆、周崇傅等人，形成第二次刻石高峰，并以之汇集当时的文人集团如汉阳黄文琛、无锡嵇有庆等，开创了新的题写谱系。其篆、草、行书各种书法精彩绝伦，诗文、书法之美皆成典范，构筑起一幅持续300年的石刻文人雅集。

（二）渔唱潇湘：沈良臣对潇湘意象的追随

拙岩依托山水之美，造就独特的气象，沈良臣在此作有多首写景诗词。从现存最早的《柬严少卿》刻石看，弘治九年（1496），沈良臣与严勋漫步潓滩，借山水之乐抒发了对"拙隐"的理解：

> 寒夜衡茅静掩，一庭月色，四壁灯光。闲情耿耿，坐中兴味凄凉。江天暮，水寒烟冷，园林景，蔗紫橙黄。感怀伤。天涯人远，遐思茫茫。
>
> 番忆。傲山乐水，幽踪散迹，几换星霜。酒醉香烬，雁声寮亮度消湘。明日溪头风景好，放中流，独泛轻航。笑相望。

重过萧寺，共醉斜阳。

右调《玉蝴蝶》

这是一首景中含情的佳作，从遣词用句上看，"一庭月色""江天暮""独泛轻航""重过萧寺"是一幅水景的描述，让人发思潇湘幽情之所在。沈良臣长于诗文，以隐居潇湘的体验抒发深刻的感怀，从"天涯人远，遐思茫茫""酒醉香烬，雁声嘹亮度消湘"等词中，描写云烟缥缈，水天一色的情形，在朦胧水气的弥漫之下，留心于自然景物与人心惆怅的关联。如此书写，将景物与心情深度融合，使其冲击力由视角而穿透内心，隐射了"潇湘八景"的文化情境，正是宋迪《潇湘八景》之嗣响，强化了"潇湘"意向的基调。

沈良臣泛舟渔唱，放歌解忧，其中《月艖小隐》最有韵味："笑舞渔蓑上小艖，红尘回首隔烟霞。敢当水月清湘主，占断沧洲白鸟家。""艖"即是小船，"渔蓑"则是指渔人的蓑衣。作者披上"渔蓑"，全然成为整个水域的"清湘主"，亦是潇湘山水的代言人。可以想象，沈良臣有着非凡的气势——笑舞小艖，给人以缥缈悠逸之感，放荡狂歌，孤身垂钓，内在归隐与外表放纵，形成强烈对比，呈现了一个任情任性之人。而作者以"月"为主题，采取的是晚景的表现方式，与潇湘渔唱的传统有着重要的意象关联。本来，潇湘拙隐的文学性追溯早在屈原被楚怀王疏离即作有《渔父》，将渔樵作为潇湘山水主题的基调，在文学叙述中就经常被提及。"举世皆浊我独清，众人皆醉我独醒"，屈原徘徊愁闷与渔父远离名利、自适逍遥形成鲜明对比，使"渔父"避世隐身成为"隐士"文化的主题旋律。而"红尘回首隔烟霞"，"烟霞"则是指朦胧水气，极易使人联想湘妃所居的潇湘，于是，景物便弥漫着一股灵性的气息。由此，"渔樵问答"与潇湘神灵合流，透露了"潇湘"交融着渔隐与凄美的传统。

以渔为隐作为拙岩的文化符号，是典型的潇湘历史记忆，这种意象在沈良臣刻石中多有呈现。如《春江坐钓》展现了作者独来独往、自遣自歌的渔翁形象："玩湘江、雨添新涨，碧波皱微风起。正水暖、游鱼初戏，出没平沙洲嘴。客棹舣，往来频、有时惊散无停止。天气融和。值浮萍点绿，岸桃舒绮，此景谁知矣。　　推篷坐，闲把长竿料理，不让志和烟水。投纶钓得锦鳞来，步月前村沽醑。君莫喜，君不见、古今权位皆香饵。朝黄暮紫。但玉带金鱼，难同蓑笠，小隐月艖里。"该词调寄《摸鱼儿》，从湘水春江水暖说起，"天气融和""浮萍点绿"，筏桨撑船，悠闲自得。闲来垂钓，烟波浩渺，"投纶钓得锦鳞来"，从而想到"古今权位"也不过是引诱人放弃自由的香饵，暗示了作者在山水中游弋，早已归隐"月艖里"。"不让志和烟水"典出张志和《渔歌子》"西塞山前白鹭飞，桃花流水鳜鱼肥。青箬笠，绿蓑衣，斜风细雨不须归"，有意突出了渔樵乐天知命、自由自在的形象。质而言之，全词通过山水的奇趣，以"惊散""香饵"两个细节暗示出世道的险恶，语浅而意深，表达不与世俗同道的道理，益发衬托出拙隐的愿望。《溇滩庄屋书事》则以自在的笔触描绘了渔樵中的自在生活："诛茅结屋傍江涯，半顷畲田一水车。柳贯鲜鳞渔换酒，铛分活水仆煎茶。静闻花鸟哦新句，闲弄溪云泛小艖。此外风情多寡合，独容野老度年华。"末署"西庄倡"，即沈良臣首唱。作者描述日常居住的场景：江岸建有简单的茅舍，网鱼耕种，过着安然自得的生活，并用《渔父》和桃花源的意象，静待花鸟，寻诗觅句，云卷云舒，泛舟小酌，呼应渔村和乐气象，平淡简易，在出世的境地中过着寻常人的生活，也希望在此"独容野老度年华"。这种情形，与米芾题《渔村夕照》的文化心理遥相呼应："晒网柴门返照新，桃花流水认前津。买鱼酤酒湘江去，远吊怀沙作赋人。"诗中胪列了"晒网""酤酒""赋诗"等，显示八景的意蕴，可见沈良臣对八景的沿袭可谓异曲同工，突出了拙岩位于湘江上游的地景文化意义，也与潇湘八景形成呼应之势。

　　置身拙岩这种山光水色之中，沈良臣随时体味着渔樵闲适、山水佳趣，并形诸吟咏。如《石台坐钓》，便是一篇清新纡徐的佳作："一竿兀坐小矶溪，回首纤尘入望迷。山火无烟销势利，水乡□□断幽□。纶钓从不设香饵，风景仅将付品题。野老有时闲过我，□然长共夕阳西。"一竿垂钓，意不在鱼，一直保持着闲心逸情，在意之外又在意之中，在这种平淡闲适之中，"纶钓从不设香饵"，呈现清净恬淡的情趣，一种令人神往的渔樵生活。

除了题写拙岩诗文外，沈良臣早年曾游览过衡岳，有《登南岳次韵》"振衣借得风霆力，直叩天阍次第扪"，又作《寄南岳高秋谷先生》："鸿宝炉中丹久熟，景览东南诗满窟。祝融峰前云吐吞，称此张良能避谷。"高秋谷早年从军，后归隐衡岳。其中"丹久熟""能避谷"颇有道教出世的意味。沈良臣寄诗高秋谷，"回首红尘两相隔，桑田沧海几更迁"，不免有归隐之慨，更重要的是以"衡岳"为广泛的潇湘之域，展现了对"隐士"心理的认同。

（三）唱和与雅集：潇湘文士唱和拙岩

拙岩奇石泉壑之美，让人叹为观止。如果说沈良臣等的刻石是向往渔樵，拙隐林泉，那么，友朋之间刻石唱和则更多地反映出文人的乐趣，也恰好呈现了拙岩的怡人风光。

湖湘文人的唱和诗文，将沈良臣"月艖"形象推到了拙岩刻石的中心，诸如"江湖胸次浩无涯，看破人情似转车。明月照怀吟好句，清风生腋试新茶。门无俗客堪投辖，时有幽人共泛艖。金紫良图付儿辈，不妨林下老年华"。在这个隐居同乐的家庭，其弟沈良佐作《重步溇滩书事》，以"幽人共泛艖"表达对渔隐生活的向往。其谓"不妨林下老年华"一句，心境悠然，更说明了对隐居避世、简约归耕的追寻，彼此呼应，呈现了理想隐居的美好景致，这亦是拙岩刻石的主题思想的体现。

与沈良佐相唱和的陈衮的《题月艖次韵》，直抒"月艖"形象："谁似湘江沈月艖，疏狂不让□飞霞。网罗世上浑无迹，风月樽中别有家。""沈月艖"即沈良臣，酌酒赏月，"疏狂"说明其脱离世俗，有意突出了渔樵自由自在的形象。而"风月""酒樽"等意象最具特色，与沈良臣"水月清湘主""鲜鳞渔换酒"的理念高度契合。从另一个角度说，意味着沈良臣等人意趣高远，孤舟垂钓，对世俗与陈规颇不以为然。

沈良臣与当时的文人交往中，也不乏隐逸之士。他们品题风景，存有唱和诗文多首，传为一时佳话。作为置身拙岩摩崖的现场见证，吴坤《题拙岩和韵》"地僻多幽胜，岩空远俗尘。深藏若待主，呵护岂无神"，上句写景，"幽胜""空远"展现了一片潇湘风光，下句写人，"待主""无神"则说明沈良臣独享山水，清净恬淡的情趣，由此将空旷浩渺的景与自然淡泊的情关联，给人带来了无限遐想。又如，章表书《拙岩次韵》"岩壑临湘浒，清虚远市尘。探奇堪适兴，抚景自怡神"等，因拙岩濒临湘江，远离闹市清静自然，作者激发情思挥洒闲情逸致，描绘当地的山光水色，"抚景自怡神"，仿佛游览仙迹，其钦慕之意显然可见。最具代表的是蒋鏊《次拙岩韵》："治剧非真拙，分明摆脱尘。每哦周子赋，觉爽自家神。鸠养心中慧，珍收天下春。何时破机事，许我构西邻。"意脉非常清晰，开辟拙岩"非真拙"，只是为了"摆脱尘"，蕴涵着精神的超越性。周敦颐有《拙赋》"天下拙，刑政彻"，唯有"守拙"，简易宽和，不妄作为，如流水之不积，施恩于民才能"上安下顺"。字里行间，把追求精神的完满作为目标，体味自得与幽静之中的陶然。蒋鏊不仅以"拙隐"和韵沈良臣，拙隐也是其传奇身世的写照。据康熙《永州府志》记载，其"以清洁著闻。致政归，得遇异人，授以服食之术"，后尸解成仙，对此体味尤深，其身世颇具传奇性。

沈良臣等的刻石，不仅仅是文人题咏，其实质是一种集诗歌唱和、文人刻石为一体的艺文雅集，相互激发，层累叠加的文学书写赋予拙岩新的内涵。宗绩辰道光《永州府志》卷九《艺文志》有"《拙岩集》，明零陵沈尧夫撰"。近年湖南图书馆编的《湘人著述表》也有"沈尧夫，明零陵人。《拙岩集》"记载。拙岩以沈良臣在此吟咏刻石而初兴，并与本地文人组织诗社，题咏刻石，并结集为《拙岩集》文本，不仅涵盖了沈良臣的诗文，揭示出当时的社交网络，而且对理解山水、人文、拙隐的交互影响不无裨益。遗憾的是该书早佚，但刻在崖壁上的诗文，将文字托付于金石，使得诗文得到金石的传播，至道光《永州府志》、光绪《零陵县志》编纂时，又进入地方志的书写之中，纸本与石刻相互为文成为拙隐文化的见证。从这个层面说，拙岩摩崖石刻既是富有地域特色的人文景观，也是点缀山水的文字遗迹，见证了刻石题咏走向经典化的过程。

总而言之，这些纵横交错的石刻轨迹，由自然山水到情感表达，由个人内心到朋友间的唱和共鸣，既是发自内心深处的咏叹，也是个人与自然之间情感的融合，作为文人所向往的山水隐喻，也聚焦为潇湘人文景观的书写主题。

五

拙岩和韵诗 8 首解析

拙岩沙洲

沈良臣拙岩诗词石刻共16通，其他明人诗刻8通，全部为和沈良臣诗韵。和韵者7人，即金陵史良弼、户部员外沈良佐、都指挥守愚陈琏、都指挥野西吴坤、蒋鳌、醉乡陈衮、七里章表书，所和者为沈良臣的3首诗《猴滩庄屋书事》《拙岩成偶书》和《月艖小隐》。

沈良佐为沈良臣之弟，弘治五年壬子科（1492）举人，正德三年戊辰科（1508）进士，起家任户部主事，升户部郎中。其后官终广西布政使左参政，但在作诗之时，仍在户部任职。

蒋鳌为正德八年癸酉举人，官终河南扶沟县令，世人相传有尸解成仙之说。《拙岩记》作于正德七年壬申，蒋鳌作诗之时，大约尚未中举。

明代设有永道守备一职，下辖永宁二卫，治所在江华或道州，吴坤以都指挥充永道守备，姓名见于康熙九年（1670）《永州府志》、康熙三十三年《永州府志》、道光《永州府志》、光绪《道州志》的《武备志》。都指挥守愚陈琏应当是他的同僚。其余金陵史良弼、醉乡陈衮、七里章表书3人，事迹不详，或者布衣未仕，与沈良臣为诗社同道。

拙岩临近江干，前有沙洲，上游有高崖，下游有浅滩，岩洞虽小，却首尾相通。自永州府城西行，步行约15里可到。水路则沿潇水而下，至蘋洲潇湘驿与湘水接，溯湘而上，船行约半日可到。

想象500年前，这8位诗友频频往来于府城与拙岩之间，只为看岩，只为会友，只为赋诗，只为闲情。儒生与武将，尸解之仙人与醉乡之酒徒，联翩而来，鳞次而坐，横槊赋诗，同抒襟抱，真使人有欲居九夷、何陋之有之感。

（一）《猴滩庄屋书事》唱和

《猴滩庄屋书事》用涯、车、茶、艖、华5韵。沈良臣首唱，史良弼、沈良佐和。

溇滩庄屋书事

沈良臣

诛茅结屋傍江涯，半顷畲田一水车。
柳贯鲜鳞渔换酒，铛分活水仆煎茶。
静闻花鸟哦新句，闲弄溪云泛小艖。
此外风情多寡合，独容野老度年华。

沈良臣新建了小屋，小屋守着他的 50 亩水田。大概是靠近溇滩沈家村子的西面，小屋取名为"庄屋"，屋子的主人也就别号"西庄"。"庄屋"毕竟只是一间村庄小屋，谦谨地说，只是诛茅草而结成，所以也可以称为茅庐，就像陶靖节"结庐在人境，而无车马喧"诗中那样的一间庐舍。就为这间庄屋，沈良臣赋了新诗，还请来了诗社的吟友。

庄屋不贵重，贵重的是它的位置。它的位置靠近江干，容易得到一尾鱼，用根柳条穿了提着，回来配上一壶茶。鱼也不贵重，贵重的是新鲜；茶更不贵重，贵重的是用活水煮。

水污染自古已然。南宋杭州人已经有了"洗水"的技术，如朱熹所说："旧时人尝装惠山泉去京师，或时臭了。京师人会洗水，将沙石在笕中，上面倾水，从笕中下去。如此十数番，便渐如故。"（《朱子语类》卷九十五）然而，洗出来的水再好也比不了潇湘的水。

潇湘的"潇"，本义就是"深"，《说文解字》说"潇，水名"，又说"溮，深清也"。《水经注》也说："潇者，水清深也。"潇水的上游本就叫作"深水"，长沙马王堆帛绘古地图，一道泉源呈弯曲状从九嶷山流出，旁注"深水原"3 字。所以张平子《四愁诗》会说"我所思兮在桂林，欲往从之湘水深"，唐人刘复接着说"长相思，在桂林，苍梧山远潇湘深"，顾况又说"客从洞庭来，婉娈潇湘深"，刘长卿再说"扁舟傍归路，日暮潇湘深。湘水清见底，楚云淡无心"。

秦韬玉说过："潇水出道州九疑山中，湘水出桂林海阳山中，经灵渠，至零陵与潇水合，谓之潇湘，为永州二水也。清泚一色，高秋八九月，才丈余，浅碧见底。过衡阳，抵长沙，入洞庭。"（辛文房《唐才子传》）罗含《湘中记》的描述就更典型了，说道："湘水至清，虽深五六丈，见底了了，石子如樗蒲矢，五色鲜明，白沙如霜雪，赤岸如朝霞。"

而潇湘的清深之水谁也带不走，所以它贵重，所以吟友们会来。

"问渠那得清如许，为有源头活水来"，是朱子的诗句，朱子是大儒，但是他却称道过禅僧。"僧家尊宿得道，便入深山中，草衣木食，养数十年，及其出来，是甚次第！自然光明俊伟。世上人所以只得又手看他自动。"（《朱子语类》卷一百二十六）朱子意思是说，儒家惯于锦衣玉食，繁文缛节，所以竞争禅宗不过。

沈良臣诗中说到"铛"，使用这个字最频繁的正是禅宗，有不少所谓"折脚铛"的典故。《景德传灯录》云："看他古德道人，得意之后，茅茨石室，向折脚铛子里煮饭吃过三十二十年。名利不干怀，财宝不为念，大忘人世，隐迹岩丛，君王命而不来，诸侯请而不赴。岂同我辈，贪名爱利，汩没世途，如短贩人，有少希求而忘大果。"朱子、沈良臣都不遵佛教，但是用意却无不相通。

奉和庄屋书事（二首）

史良弼和

门前山水浩无涯，屋里诗书富五车。

春入彩毫联□句，香分碧碗试新茶。

围棋客散悬云榻，问字人来访月艖。

□盘有新鳞尊有酒，等闲无念及荣华。

又

别业溇滩背渚涯，门多长者聚轮车。

楼头夜坐闲邀月，花底春吟慢啜茶。

竹几蒲团围客席，酒杯诗侣寄仙艖。

风光领掠年来别，肯信头卢鬓有华。

重步潆滩书事

沈良佐和

江湖胸次浩无涯，看破人情似转车。

明月照怀吟好句，清风生腋试新茶。

门无俗客堪投辖，时有幽人共泛槎。

金紫良图付儿辈，不妨林下老年华。

　　史良弼的和诗，第一句就把沈良臣的谦谨给说破了。他说，沈良臣的庐舍不是"诛茅结屋"，而是"屋里诗书富五车"。"五车"出典《庄子·天下》："惠施多方，其书五车。"古代书很贵的，所以韩子才会说，"藏商管之法者家有之"，"藏孙吴之书者家有之"。沈良臣的小屋富于藏书，并且"问字人来"，时常有生徒上门求教，哪里是一间茅庐了得！

　　和韵第二首，史良弼又是第一句就说破了"诛茅结屋"。"门多长者聚轮车"，用的是汉初陈平的典故。《史记·陈丞相世家》：陈平"少时家贫，好读书，有田三十亩，独与兄伯居"，"至其家，家乃负郭穷巷，以弊席为门，然门外多有长者车辙"。茅草又何妨，长者常为座上客，当然足够贵重了。

　　有儿辈的功业，有诗书五车，有长者车辙，乃至"时有幽人"，沈良臣的茅屋"何陋之有"？

　　何况沈良臣的新屋本是"别业"，本有"楼头"，并不全是茅草。

　　"小槎""月槎""仙槎""泛槎"，4首唱和言及的"槎"，大约可以分为两个典故。

　　一个是渔父的故事，屈子讲过，庄子讲过，孔子曰"道不行，乘桴浮于海"，也算讲过。大约道家的老子是很强项的，柔弱胜刚强，无为而有为，是进取的一派，而庄子则纯然是隐逸的。儒家也有儒家的隐逸，即如孟子所说，"穷则独善其身，达则兼善天下"。

　　另一个是仙人的故事。"天河与海通，近世有人居海渚者，年年八月有浮槎，去来不失期。人有奇志，立飞阁于查上，多赍粮，乘槎而去。十余日中，犹观星月日辰，自后芒芒忽忽，亦不觉昼夜。去十余日，奄至一处，有城郭状，屋舍甚严，遥望宫中，多织妇。见一丈夫牵牛渚次，饮之。牵牛人乃惊问曰：'何由至此？'此人见说来意，并问：'此是何处？'答曰：'君还至蜀郡，访严君平则知之。'竟不上岸，因还如期。后至蜀，问君平，曰：'某年月日，有客星犯牵牛宿。'计年月，正是此人到天河时也。"（张华《博物志》。"查""楂""槎""艖"字皆同。）

水是流动的，艖也是流动的，动中复有动，有心复无心。无论哪一种理解，"小艖""月艖""仙艖""泛艖"都令人有无限的遐想。

沈良臣的诗中，说到一个"闲"字。"静闻花鸟"，"闲弄溪云"，"明月照怀"，"清风生腋"，"酒杯诗侣"，"围棋客散"，的确是够闲的。

古人诗句中，常写出一个闲的意思。"开眼看人忙"，"倚杖看人忙"，见得是忙了不好。问题是，古人真的闲么？假使一个人，生涯尚可，衣食无忧，他便整日吟弄，无所事事，那么，他便是一个诗人吗？他的文字便可以流传、便有人赏读吗？

绝非如此。古人闲，古人不得已也。不得已，所以闲，所以安于闲，所以其人可赏，其诗可读。

沈良佐的和诗"金紫良图付儿辈"，金紫，所谓金章紫绶，自然是指官爵。良图，所谓宏图伟志，大有"云霄坐致，青紫俯拾"的气度。

"付儿辈"一语，最典型的故事来自谢安、谢玄。《晋书》："谢玄等既破坚，有驿书至，谢安方对客围棋，看书既竟，便摄放床上，了无喜色，棋如故。客问之，徐答云：'小儿辈遂已破贼。'既罢，还内，过户限，心喜甚，不觉屐齿之折。"

另外一则晚近的故事，也可以一提。林则徐之父林宾日曾有一联："粗衣淡饭好些茶，这个福老夫享了；齐家治国平天下，此等事儿曹任之。"

无论谢玄之叔谢安，还是林则徐之父林宾日，轻松一语背后，都是最为郑重的大事业、大功绩。这是真儒家的真本色。

有这样一种儒家有为的精进精神，才衬托得起一个"闲"字。

沈良佐隐约之意，乃是如此。他说"闲"，其实他在背后下过很多功夫，所以他才有资格说"闲"。他说"隐"，可是他的诗句却揭示着他的烨烨才华。

（二）《月艖小隐》唱和

《月艖小隐》用艖、霞、家、槎、夸 5 韵。沈良臣唱，陈衮和。

月艖小隐

沈良臣唱

笑舞渔蓑上小艖，红尘回首隔烟霞。

敢当水月清湘主，占断沧洲白鸟家。

午夜醉余登贝阙，明河梦觉坐仙槎。

袁宏牛渚遗踪远，吟弄于今讵浪夸。

"沧洲白鸟"，是写实。濮滩沈家今存《永禁江坡》《永禁水源》两碑，几次说到沙洲、河洲、洲畔。至今拙岩下望，仍然可见湘江中的一处宽阔的沙洲，由河卵石堆积着，附近的机动挖沙船不时往来游弋。只是村中老人尚能记得，从前沙洲上树木高大，是一片绿洲，定有群鸟居住。

但是这首诗主要是写夜景。"水月""午夜"，均为夜中所见。"贝阙"是指龙宫，"明河"是指银河。

夜中泛舟，令人想起那一句，"少焉，月出于东山之上，徘徊于斗牛之间"。

然而末句里，沈良臣却换了一个典故，说到晋人袁宏。"袁宏牛渚"是一个伯乐故事，也是一个知音故事。《晋书·文苑传》载：袁宏"有逸才，文章绝美，曾为咏史诗，是其风情所寄。少孤贫，以运租自业。谢尚时镇牛渚，秋夜乘月，率尔与左右微服泛江。会宏在舫中讽咏，声既清会，辞又藻拔，遂驻听久之，遣问焉。答云：'是袁临汝郎诵诗。'即其咏史之作也。尚倾率有胜致，即迎升舟，与之谭论，申旦不寐，自此名誉日茂"。

沈良臣渴望这一个人的出现，那么谁是这个人呢？

题月艋次韵

醉乡陈衮和

谁似湘江沈月艋，疏狂不让□飞霞。

网罗世上浑无迹，风月樽中别有家。

老驻童颜凭药酒，梦游天府信泛槎。

夕阳古渡酣歌处，赢得渔樵拍手夸。

陈衮不是沈良臣的伯乐，却是沈良臣的知音。陈衮，生平事迹不详，"醉乡"当是其别号。

"醉乡"一语，使人想到了"酒徒"。"醉乡"是唐宋人语，"酒徒"却是汉晋人语。早先，高阳人郦食其，好读书，然而无以为衣食，家贫落魄，为里监门。汉高祖还是沛公时，引兵过陈留，郦食其求见，沛公方倨床使两女子洗足，问使者曰："何如人也？"使者对曰："衣儒衣，冠侧注，状貌类大儒。"沛公骂曰："竖儒！"郦食其让使者再报："吾高阳酒徒也！"沛公遽雪足杖矛，延客入。

醉乡陈衮或许自诩为郦食其之俦吧。

沈良臣说，索性就当了水月清湘的主人，抢占沧洲白鸟为自己的家吧，陈衮却说，你干脆再取个别号叫"沈月艋"。

他说沈良臣疏狂，他自己大概比沈良臣还要疏狂，真的决心在夕阳古渡中渔樵以终了。

（三）《拙岩成偶书》唱和

《拙岩成偶书》用尘、神、春、邻4韵。沈良臣唱，陈琏、吴坤、蒋鏊、陈衮、章表书和。

拙岩成偶书

沈良臣唱

开辟乾坤古，清幽绝世尘。

坐疑身在梦，景逼句通神。

九夏凉无暑，三冬暖若春。

华阳茅洞主，相与结芳邻。

如《拙岩记》所载，正德七年壬申（1512）季夏，拙岩被整饬一新，"扫涤布席，可坐二十余宾"。诗当作于此时。

沈良臣喜爱拙岩，它冬暖夏凉，"九夏凉无暑，三冬暖若春"。更重要的是，它与天地同时开辟，"开辟乾坤古"，觉得出一种天长地久。这让沈良臣想起茅山华阳洞，大茅君、中茅君、小茅君3位仙道。

题拙岩

都指挥守愚陈琏和

心地本清绝，个中更远尘。

辟开曾会古，造设拟由神。

石窍堪容月，花香好醉春。

炎岩风景外，何处可为邻？

题拙岩和韵

都指挥野西吴坤和

地僻多幽胜，岩空远俗尘。

深藏若待主，呵护岂无神？

性拙迟而默，身闲秋复春。

何时挂冠绂，重结旧东邻。

次拙岩韵
蒋鳌和

治剧非真拙，分明摆脱尘。

每哦周子赋，觉爽自家神。

鸠养心中慧，珍收天下春。

何时破机事，许我构西邻。

次拙岩韵
醉乡陈衮和

一岩天□与，断绝世间尘。

怪石能胜画，清泉足养神。

松巢千岁鹤，花占四时春。

此等幽栖处，云山是近邻。

拙岩次韵
七里章表书和

岩壑临湘浒，清虚远市尘。

探奇堪适兴，抚景自怡神。

猿鹤千年侣，山花四季春。

吾人真隐处，何用问芳邻。

　　武官都指挥陈琏，谈的却是心学。不论岩洞是否清幽，人的心地原本却是清幽的。儒家也讲"心地"，《朱子语类》说"自古圣贤皆以心地为本"，"涵养主一，使心地虚明，物来当自知未然之理"。但是，陈琏又有点儿像谈禅。沈良臣谈岩洞的凉与暖，好比神秀作偈，只管写实："身是菩提树，心如明镜台。时时勤拂拭，莫使有尘埃。"陈琏的诗，却好比惠能作偈："菩提本无树，明镜亦无台。佛性常清净，何处染尘埃？"不管岩洞如何，只要心地清绝，自是幽爽之地吧。

蒋鏊据传是后来尸解成仙了，但他谈的却是周子的《拙赋》。这个宗旨揭示得好，并且，"觉爽自家神""鸠养心中慧"，都是向内向己的求取，纯是一派心学术语，见得是明学进乎宋学之处。

在《濮滩庄屋书事》唱和中，诗人们反复说到"茶"。"煎茶""新茶""啜茶"，而无论怎样的茶，毕竟都只是茶。诗人们又说到"车"，4种"车"却是4种样式了。"水车""轮车""诗书富五车"，各个不同，而"转车"乃是借以形容人的性情，见异思迁，逐名利而转。"看破人情似转车"，讥讽的是世俗。各诗所说的"风情寡合""门无俗客""红尘回首"，也尽皆指此。

《拙岩成偶书》唱和6首中，指出有3种"尘"："世尘""俗尘""市尘"。提出要"脱尘""远尘"。可见诗人们对于尘俗是如此的回避不遑了。

有尘俗便没有了诗人，有尘俗便失却了本心。"非其君不事，非其友不友，不立于恶人之朝，不与恶人言"，只如此，才称得上为"圣之清者"。

于是，"秋复春"就化成了"四时春""四季春"，进而又化成了"天下春"，圆融致极。

有"絜静精微"，就有"光远宣朗"。拙岩和韵诗刻8首，最喜的便是其絜静。

六

"八景布河西"：
唐九龄与《拙岩八景诗》意象

月艇小隐

唐九龄，号仙农，别号拙叟，湖南零陵人，刻有《拙岩八景》《重修拙岩记》等诗文，书法飘逸，锋棱宛然，文字、书艺两皆佳妙。光绪《零陵县志》卷首记载，"（唐九龄）五品衔，中书科中书"，负责县志修纂的"采访"工作，对地方文献的纂修贡献较大。然而与其学识功绩相比，除同光年间清代名士嵇有庆、周崇傅石刻简略记载其行事外，对唐九龄的生平、行踪等知之甚少，存世作品仅见于拙岩石刻。

（一）唐九龄与拙岩的人文渊源

在拙岩沉隐 300 余年后，怀着对桑梓的挚爱之情，唐九龄以山水为道，希望过着与沈良臣相似的隐居生活，作有多首写景诗文。在《重修拙岩记》中，表达了对拙岩山水的特殊理解：

> 余性拙，癖泉石，因避城市嚣，移家燕洞。适散步，经二里许，旷览湘江，□□一岩窦，仅可入，上有篆刻"拙岩"字，□□明沈尧夫先生题。先生隐居不仕，守拙林泉，庄子所谓"大巧若拙"是也。余窃慕之，爰命工启壅塞，筑崩溃，安棋局，置渔矶，种竹植柳，构亭于上，刻《八景诗》于石。非博名也，用以质后之养拙者。是为记。

唐九龄的归隐，主要有两个方面的原因：一方面"性拙"。喜爱林泉之趣，摆脱羁绊，避开尘嚣，独享清静，引用庄子"大巧若拙"的典故，说明自身性格特点。在《重修拙岩》诗中也有同样的表达："坐对玲珑石，奇哉以拙名。世人皆斗巧，沈老独输诚。返本从今悟，还元发古情。徐徐题八景，敢冀继先声。"从字面来说，"沈老"即沈良臣，守拙弃巧，"返本归元"。从地理环境看，拙岩因湘水冲击，岩石玲珑剔透，彼此反衬，成为拙岩的意象特点。唐九龄面对溇滩湍急水流，清秀水石，承接沈良臣拙隐的遗绪，以"敢冀继先声"期望世人摒弃伪巧，脱去机巧欲求之心，"返本""还元"，享受真乐。因此，唐九龄不仅重修拙岩，清理淤泥，"安棋局，置渔矶，种竹植柳，构亭于上"，而且以题诗刻石自娱，开辟了"拙岩八景"意象，可谓营造了一个诗意的空间。

另一方面眷顾家庭，蕴涵着报答母亲的养育之恩的动因。据光绪《零陵县志》卷十一《列女》记载："屈氏，儒童唐庆荣妻。年二十，夫故，遗腹生子九龄，矢志守节。姑李氏，性卞切，氏曲意顺承，无所迕。九龄长就傅，程课极严。岁辛亥，当事以孝廉方正举九龄，氏命辞之，盖以其实不易居也。九龄旋报捐中书科中书。氏年六十一卒。"母亲早年守寡，唐九龄举"孝廉方正"，担忧母亲，弃官不就，并在拙岩附近的大夫庙建有忠节牌坊，旌表守节。在光绪《零陵县志》等中有如下记载："节孝亭，在城西大夫庙侧，唐九龄为母建。""节孝坊在大夫庙，唐九龄为母屈氏建。"因此，拙岩对唐九龄来说有着不同寻常的意义：为报答母亲，唐九龄似乎没有外出做官，结茅隐居，立志高栖。在母亲长逝之后，于拙岩附近农耕垂钓，并建有忠节牌坊，旌表守节。进而言之，隐居似乎并不在渔隐垂钓，而是将情感寄托在水石之上，《诗经》有"孝思不匮，永锡尔类"，唐九龄为表达对母亲的深切情感，毅然辞官不就，是对士人精神的守护。从这一层面来说，唐九龄避开尘嚣，是一种双重的"拙隐"——寄情山水，幽栖山林，从文学意象中寻求精神支持，从表层意识看是隐居，而内心深处却是获得心灵自澄，寄托对母亲的深厚感情，有着"近乎道矣"的深层蕴涵。

（二）《拙岩八景诗》特色解读

唐九龄隐居拙岩，留下的石刻中最具文化意义的是《拙岩八景诗》。以山崖水滨的自然环境为主导，在数步之遥铺排了沿岸八个景致，各为赋诗题咏，是典型的"八景"诗作。与唐宋时期八景诗画传统不同，《拙岩八景诗》刻之于石，镌镂精巧，字画清晰可辨，且在书写上别具一格，具有不同寻常的书艺价值。

现将《拙岩八景诗》内容移录如下：

茆亭觞月

何地无明月，随宜倒酒瓶。

试将真意味，收入此茆亭。

第 1 首有些类似于开场诗，"何地无明月，随宜倒酒瓶"。张若虚《春江花月夜》中有"何处春江无月明"，此地的明月与潇湘的明月乃是共享的"明月"，兴致是相同的，意趣也是相同的。将月景、流水等"意味"都收入在象征着隐居的"茆亭"之中，呈现出渺渺山水中的清幽形象。用"真味"来形容诗情与酒兴，在在都有着深切的韵味，以此表达一种朦胧的空间感。早在沈良臣开辟拙岩时，作有诗"诛茅结屋傍江涯，半顷畲田一水车"，在江畔建有茅屋。而唐九龄重辟茅亭，营造极其幽美而自然平淡的意境，无疑是对湘江山光水色的喜爱。

流水鼓琴

逝者去何急，七弦聊赏心。

子期虽已杳，明月是知音。

第 2 首描述了拙岩的周边环境，"逝者"指流水不息，《论语》有"子在川上曰'逝者如斯夫'"，兴起了悠远的时空意识。子期出自《列子·汤问》："伯牙善鼓琴，钟子期善听。伯牙鼓琴，志在登高山。钟子期曰：'善哉！峨峨兮若泰山。'志在流水，钟子期曰：'善哉！洋洋兮若江河。'"俞伯牙与钟子期为至交，子期"已杳"，伯牙破琴绝弦。对作者来说，"子期"同样难遇，日升月落，空留怅意，这也是为什么作"八景"诗的原因。隐居山林，月光映照水波，烟波浩渺，孤悬空中的月与湍流不息的流水对比，展现自己闲适恬淡的心绪。

芙蓉夹柳

不挟争荣意，凭他碧荫兼。

秋江平凫怨，冲淡似陶潜。

第3首点明"拙隐"的原因，礼赞"陶潜"即陶渊明，突出陶渊明的真率自然。事实上，唐九龄的仙隐莫不涉及陶渊明以来的传统，大致可以从两个方面解读：一方面，陶渊明"结庐在人境，而无车马喧"，厌倦车马喧嚣的生活，归隐山林。另一方面，陶渊明《桃花源记》"寻向所志，遂迷，不复得路……后遂无问津者"，桃花源传说中的和美境界，为世人所钦慕。与其他人文景观相比，拙岩是"不挟争荣"，似乎是与世无争，因此诗中意蕴深邃的是"冲淡似"，背后其实是一种拙岩意境与个人隐逸的基调。而此处的"碧荫兼"与"平凫怨"是同一个意思，从客观的景象探寻内在的心象，无论世风如何，"不挟争荣意"，以芙蓉与柳树的各自生长取代与世无争境界。《宋书·隐逸传》载："（陶）潜少有高趣，尝著《五柳先生传》以自况，曰：'先生不知何许人，不详姓字，宅边有五柳树，因以为号焉。'"崇敬陶渊明的道德节操与文学成就，表达出对世俗社会的鄙弃，因此钟嵘《诗品》称陶渊明为"古今隐逸诗人之宗"。唐九龄希慕魏晋意象，追求平淡冲和的内在精神超越，以拙隐为意象的佳境，同时也将拙岩塑造为桃花源式的仙境。

鸬鹚随渔

天机含活泼，飞跃察禽鱼。

谁是中和手，调停各自如。

广阔的水域中鸬鹚捕鱼，赋予了一种"活力"的气息，使得整个空间生机盎然，机趣横溢。"飞跃察禽鱼"句用《诗经》"鸢飞戾天，鱼跃于渊"的典故，喻为不因名利争逐而高攀。在现实生活中，官与民也恰好是鸬鹚与禽鱼的关系，只有与"道"同体，以"守拙"之心酬酢万变，才是真正"中和手"。于此，将鸬鹚与鱼升华为深沉的生命哲思，这也正是作者的内心投射，不再关心你争我抢的世事是非，"调停各自如"而对渔隐生活充满了向往。

仙矶垂钓

意钓非知钓，非仙却似仙。

问津如有客，烟水渺长天。

"意钓非知钓"是潇湘文化传统中的典型形象，屈原《渔父》暗示了脱俗与超越之别："沧浪之水清兮，可以濯吾缨。沧浪之水浊兮，可以濯吾足。"屈原虽"独清独醒"，却未达到渔樵的超越。渔樵以为山水代言，往来于山水与社会之间，知事悟道，展现的是朴质的"山水智慧"，亦成为凄幽的交接隐喻，有如柳宗元《江雪》"独钓寒江雪"的孤绝，空茫的境地，心情在独钓寒江中孑然。而"非仙却似仙"则更有诗意，这种"仙矶垂钓"的生活却是时人所向往的，作者有着借实景来表达自己见解的意味。"问津"在《论语》中有"子路问津"的典故："长沮、桀溺耦而耕，孔子过之，使子路问津焉。长沮曰：'夫执舆者为谁？'子路曰：'为孔丘。'曰：'是鲁孔丘欤？'曰：'是也。'曰：'是知津矣。'"表面上是为打听渡口，实则隐喻人生道路。作者以"问津如有客"设问，淡墨点染，并自答"烟水渺长天"，水气朦胧，横无尽涯，给人带来了无限情思，令人遐想。

桐阴围棋

石磴安棋局，浓阴罩一枰。

只宜分黑白，不必问输赢。

"桐阴围棋"更多着眼于对棋局的想象。金陵史良弼《奉和庄屋书事》诗中有："围棋客散悬云榻，问字人来访月艖。"虽然在"石磴"置有"棋局",但下棋的意义并不在输赢上,更多的是一种文人意境的表达。而联系"子期虽已杳,明月是知音",可以想见,"桐阴围棋"不过是作者生活的诗化反映,其中的"黑白"即是非善恶大义,用对比引发了诗人的咏,充满寥落之感,其内在已暗含着隐居的意蕴。

鸣莺求友

伐木赓谁和,岩阿久养真。
一声破孤寂,春色遍同人。

此诗是对"桐阴围棋"的衍义,作者"因避城市嚣,移家燕洞",这种臻于世外桃源的境界,令人浑欲忘世,多希望与朋友长歌于此,故产生"鸣莺求友"的悠然远想。"一声破孤寂",蓦然回首,超脱于荣辱得失,守拙林泉,长隐山林,故能得僻静真乐。可见,寥落孤怜的情感,包含着难以兼得的世俗欲望,触及作者幽深的内心世界。"春色遍同人",心境渐渐转入平和冲淡,既反衬出隐逸之地的清寂,也蕴含着今昔感喟,意境与个人心境的结合,正是作者忧郁孤寂的身影。

扫石题诗

峭石皴云立,诗成倩我题。
微尘风自扫,八景布河西。

最后一首束尾,从"鸣莺求友"引申而来,曲终奏雅,回到"刻石"的主题。"微尘风自扫",八景的提法源自宋迪,作《拙岩八景诗》就是为了回味前人的襟怀。"微尘风自扫,八景布河西"的意象呈现新奇隽永、耐人寻味的魅力,也响应了宋迪等八景原诗,即借幽远清寂的境界营造了一种长隐的心境。字里行间,也不难体会他在隐逸之中的陶然。

（三）《拙岩八景诗》的独特话语

《拙岩八景诗》既是拙岩摩崖刻石的延续，也形成了八景文学史上独特的风景。8首诗篇幅短小，但地域色彩浓厚，风格浑朴，看似浅显，却精心构撰，蕴蓄丰富。以实景作诗，充满想象的个人风格，渲染出潇湘这一特殊地域空间的意象。

历史与地理的引申。唐九龄在《重修拙岩》中说道："徐徐题八景，敢冀继先声。"潇湘作为文人屐履常到之地，反映了对潇湘人文景观的共鸣。以宋迪《潇湘八景》最为典型，并在日本、韩国等文人文化圈中传播、再生，成为文人经常书写的主题。饶有兴味的是，乾隆皇帝跋南宋李生《潇湘卧游图》时深有感慨："潇湘烟雨为三楚佳境，每读苏轼题宋复古潇湘晚景图诗，辄为神往，惜不得一见也。"潇湘作为三楚文化的具体地域，群山环绕，江河清澄，景致灵秀，附以更直接诉诸感官的图画表现，引起后人争先题咏。即使那些未曾涉足潇湘的文人，也倾羡"卧游"潇湘，追求类似亲临的体验。拙岩地处潇湘八景的"核心圈"，与潇湘人文地理以及"八景"的书写传统不无关系。从地理环境看，拙岩为潇湘二水的交汇处，正是"潇湘八景"的重要起点，即"潇湘夜雨"所在的人文空间。受"原生性"文化的影响，源合流分，唐九龄借用宋迪以来的四字标题，也引用大量很有意味的语典，自有其特殊性无论是第1首《茆亭觞月》由茆亭生潇湘之想，还是第8首《扫石题诗》在潇湘实质的地理空间中反复强调拙隐，在心情上更亲近避世的桃花源，随时体味陶渊明式的悠然心境，表明自己内心"结庐在人境，而无车马喧"，不为世俗所染、疏远车马喧嚣的意境。此外，伯牙、子期的典故的引用也值得注意。"子期虽已杳"，明代冯梦龙《警世通言》中有《俞伯牙操琴谢知音》最具意味，直接将子期描述为樵夫，突显的是山水之中的逍遥形象。这种引用典故探赜索隐，注入新的元素，将潇湘的意象与桃花源的传说合流，在形象描绘上采取了实境点评的手法，使得潇湘文化传统的遗绪染上了"拙隐"色彩，处处是幽境，隐约地有一种形而上的意味，既反映出对潇湘地理空间的认同，也呈现了清代对"八景"的复归与深化。

个人与现场的因缘。《拙岩八景诗》尾署："光绪六年（1880）十月既望景明，亦拙叟仙农唐九龄漫题。"10年前零陵知县稽有庆一行曾在拙岩赋诗纪咏，共同盘桓于潇湘的山光水色，尽显文人气象。唐九龄之子昭铣对此次交游的行踪，留下了刻石印迹："同治庚午上巳，邑人唐仙农携子昭铣，陪太守汉阳黄公海华，邑侯无锡稽公伯润，邑人赵司马旸谷、周太史子岩同游。伯润夫子题词：仙农舍人翛然尘外，守拙林泉，庄襟老带。"从题刻看，一时游览的都是本地文化名流，稽有庆、黄文琛为零陵行政长官，赵旸谷、周崇傅为本土人士，形成了当时士人的社交网络。理政余暇，稽公伯润倾慕拙岩胜景，有题云："仙农舍人翛然尘外，守拙林泉，庄襟老带。"稽公即稽有庆，字伯润，同治八年（1869）任零陵知县。"守拙林泉"说明唐九龄幽居拙隐，开启了一种新的渔钓生涯。垂钓作为寄托情感的主题，周崇傅又刻有"忘机处"3字榜书，留下跋文："温飞卿《利州南渡》诗，有'五湖烟水独忘机'句。仙农意不在钓，暇以钓为寄，自题其处曰'忘机'，近乎道矣！""机"即机微、机心。周崇傅用温庭筠的典故来说明拙岩的主题，意为唐九龄借山水以慰平生，澄心静虑，独自垂钓于苍茫大地，浑然忘掉世俗心机。10年之后，唐九龄刻意营造了一步一悬的"拙岩八景"，与早年为奉养母亲而远离官场不同，若当时着力渲染与当时文士的交往，势必招来求名之讥。时过境迁，晚年回忆中，诗思日益湛深，"拙隐"已然成为一个精神符号，山林之乐在在令人怀想，故对8个意境品题框定，构筑为"八景"，呈现自己拙隐后的适意人生与淡泊情趣。

时间与空间的延长。置身潇湘的山光水色之中，容易让人意识到潇湘意象的关键意义。董其昌《宋董源潇湘图卷》从实际的地理层面指出："行潇湘道中，蒹葭渔网，汀洲丛木，茅庵樵径，晴峦远堤，一一如此图，令人不动步而重作湘江之客。"充分领受了潇湘的意境，无论是渔网、樵径，还是丛木、茅庵，呈现了一幅诗情画意的场景，清深幽远。如果说，八景始于潇湘二水的交汇，那么拙岩位于湘江上游，则是文化地理脉络的中心。在实质地理区域接续八景传统，然而细分起来，唐九龄以自出机杼为主，别具手眼，抛弃了八景母题的原型，从拙岩周边的"实地化"开始，突出"在地化"，以简约含蓄的风格切入茆亭、流水、鸬鹚等生活场景，突出具体人事背景，8首诗文之间婉转自如。另一方面，又留意于自然景物变幻与人物心情波动，仿佛作者的心灵风景，由此延伸到内心感受，加上潇湘文化积淀的隐逸传统，使得流水与鼓琴、鸬鹚与鱼、围棋与输赢、鸣莺与求友等至微之处充满灵动之趣的对照，呈现清旷简远、平淡自然的风格——在无声的诗篇中突出了个人的意境，即孤寂之感。用景色来隐喻隐逸的心理，有意突显个体的疏离与孤绝，情景交融，迤逦着"渔隐"的余韵，这也恰好与历代潇湘书画有着同样的情形，在八景地理延长线上升华为抽象的情感对象——"诗成倩我题"，使得以个人的感悟将潇湘在地化——"八景布河西"，形成一种与特定地域的联系，咏而有变，各擅胜场，自具面目。

显而易见，拙岩作为充满潇湘文化特色的意象，地理环境是整个书写的核心，一方面意在当地，寄托自己的想象，彰显湘江上游的溇滩附近的人文景观，另一方面，以极其简练的笔墨，突出垂钓、隐逸等诸种印记，代表了潇湘深远的文化传承，在这个意义上说，从八景角度叙述拙岩呈现了其灵动的视野；而通过拙岩描述潇湘，不做蹈空之谈，也成就了拙岩在"潇湘八景"经典意象中的独特个案。

七

东溪拙庵沈庆及其《拙岩诗》辨析

拙岩内景

（一）

潇湘摩崖石刻研究团队师生一行于 2014 年 1 月 17 日发现拙岩石刻，立即开始全面考察，并着手研究，申报课题立项。其后各方人士对拙岩多有关注。到同年 7 月 8 日，通讯员唐善理、唐青雕、杨万里，在中国新闻网发表零陵电讯《湖南永州零陵发现 44 块明清露天摩崖石刻》，系将磨泐无字碑面统计在内，因此超过了 32 通的实际数量。就目前所发现者而言，当更正为 32 通为宜。

电讯又称："据当地沈氏族谱记载，历史上大夫庙村分东庄和西庄，大部分为沈姓。最早在明代天顺六年（1462），先祖沈庆就为此地写了诗：'仙岩真福地，三载复重游。青鸟书传远，红云羽盖稠。同行陪五马，讲道忆浮邶。笳鼓催行发，玄都怅莫留。'"（"邶"为"邱"字之误）其说不确。

（二）

明人沈庆确实曾在湖南为官，并且政绩显著。沈庆还曾出使衡阳、宝庆、永州等地，所过赋诗，并且留下石刻真迹。

沈庆曾经新建永州江华县城。明弘治《永州府志》卷一《建置沿革》记载："江华县旧土城守镇千户所……天顺三年……副使沈公庆督修砖城，高一丈，阔五尺，周围三百六丈，门楼三，串楼三百五十，濠堑三百六十丈，东南北三门。今塞北门真武楼镇之。"（又见明隆庆《永州府志》卷八）"江华：天顺六年迁置县治，副使沈庆撤旧宇于新城县治之前，一如其制。"

又曾修建永州府学尊道堂。明弘治《永州府志》卷二、清康熙九年（1670）《永州府志》卷三、康熙《零陵县志》卷三、道光《永州府志》卷三下、光绪《零陵县志》卷二均载："尊道堂，在府学后，天顺五年副使沈公庆建。"

又曾赋诗吟咏永州爱莲亭。明弘治《永州府志》卷八载《爱莲亭》诗："观风来谒庙，独上爱莲亭。池洁荷逾绿，庭幽草自青。道传由默契，图著寓流形。千载斯文幸，披云睹景星。"署名"东溪沈庆，湖臬副使"。

又曾修建临武县城。康熙《衡州府志》卷三《营建志》："临武县，邑之有城，昉于明。天顺七年，副使沈庆请于朝，累土为之。"

同治《临武县志》卷十《城池志》："临武旧无城，树排栅周遭。明天顺四年，湖广按察司副使沈庆，奏立土城，以邑主簿李浚董其事。沈有诗，见《艺文志》。"

同治《临武县志》卷四十一《艺文志上·诗》第1首即明臬司沈庆的《建临武城》，云："追苗隆武邑，爱此溪山胜。苗去民复还，众心才粗定。规画树排栅，周遭历荒径。高濠下枯签，低堑刺交钉。矢工筑坚城，疏上尧舜圣。念此凋残余，何由保微命。将来雉堞成，兹方始康靖。园林绕回合，桑麻遥掩映。加以年谷丰，月吉有善政。闾巷起弦歌，家室互相庆。淳风喜复回，邑治夸籍盛。六事于焉兴，行期得贤令。"

又曾重修衡阳石鼓书院。明弘治《衡山县志》卷五："石鼓书院元末被毁，永乐间知府史中始图修复，旋更兵灾。副使沈庆、知府翁世资，相继营度。"

明李安仁《石鼓书院志》（明万历刻本）上部《人物》："沈庆，以翰林博士擢湖广宪副，按部至衡，谒书院，见昔之新者旧、植者倾，畅然叹曰：'兹非为政者之咎欤！'遂檄推府余敬修理之。"

《石鼓书院志》下部《词翰志》载副使东溪沈庆所作诗："两水夹流天下奇，巨鳌春浪如神龟。因名石鼓构书院，古今贤哲遗声诗。竹树阴森荫江口，灌灌文风比邹鲁。燕居像古宫殿高，雍雍四配陪是父。安得频年此读书，亭中俯仰观鸢鱼。天渊理趣豁胸次，朱陵何独论逃虚。衡岳当空高万丈，顷刻扶摇端可上。一曲沧浪孺子歌，听罢悠然绝尘想。便欲临流亟濯缨，时时来此合江亭。寻幽览胜不可极，伫目漾回碧水渟。"

又曾吟咏南岳衡山。李元度《南岳志》载沈庆《平蛮回谒南岳》："天下有五岳，共仰南岳尊。巍巍奠湘土，磅礴何细缊。山水

远朝拱，森罗如骏奔。龙翔与凤鬐，云霞绚朝暾。宝殿恍玲珑，灵
光烛天阍。柴望古所重，禋典今犹存。炎令是其司，长养物茂蕃。
以兹福下民，万世蒙仁恩。高羡并泰岱，远览齐昆仑。地势境逾清，
复绝嚣尘烦。雅宜伐钟鼓，祝釐礼晨昏。征苗赖克捷，讞狱期平反。
歌诗答灵贶，于焉役吟魂。道大慨无极，久矣弥乾坤。"

又载沈庆《南岳漫游》："五岳同尊万陇趋，奠安南服镇寰区。
红云紫盖天坛肃，赤水丹山圣境殊。时有鸾笙吹碧落，可无仙子燕
蓬壶。灵源福地知多少，绝似琳宫画未如。"

又载沈庆《路经开云楼》："昌黎清誉满人间，楼厂开云尚有颜。
辟佛当时尊阙里，谪官今日出蓝关。诗留南岳山增耀，文著东溪海
泛澜。千载仰公犹北斗，天章分得几时还。"

又曾修建桃源县学明伦堂。明嘉靖《常德府志》卷九《学校
志》、清嘉庆《常德府志》卷十五《学校考》、光绪《桃源县志》卷
四《学校志》均载："天顺七年，分巡副使沈庆，以明伦堂地狭隘，
乃市民间地而充拓之，筑围墙。"

又曾参与修建慈利县学。明隆庆《岳州府志》卷九《秩祀考》、
明万历《慈利县志》卷十一《学校志》："慈利县学……先师庙暨两
庑及堂斋号舍……相继葺饬。提学副使沈庆记。"其后备载全文。

又曾至宝庆、城步，作诗咏龙潭。清道光《宝庆府志》卷百四
《艺文略·金石》："明龙井石壁诗刻：在城步县龙潭石壁上，明沈庆
撰。天顺四年刻石，诗凡六行，每行十字，第六行六字。末书：'近
持宪节，统兵来按城步，驻节营中，暇日遍览江山之胜，而龙潭灵
验，尤为一方之冠，因诗以寄兴云。大明天顺四年，龙集庚辰，腊
月初吉，中宪大夫、湖广等处提刑按察司副使、前奉敕征蛮、翰林
院五经博士、东溪沈庆识。'右款七行，每行十三字，第六行五字，
第七行十五字。"

（三）

但在湖南地区异常活跃的东溪沈庆，却是浙江人。

沈庆，字仲会，号拙庵，明浙江余杭人。

明嘉靖《余杭县志》载有沈庆的详细传记。全文云：

> 沈庆，字仲会，学博才赡，刚介有为。子史百家，无不览阅，尤精于兵法。宣德间，领丙午乡荐，历官翰林五经博士。办内阁事大学士陈循屡荐宜大用，升湖广按察司佥事。时靖州五开等处苗贼生发，把截道路。庆相地设官，凿山浚河，自偏桥镇直抵广平，迁道千余里，由是据壕立兵，始以地利制贼。军民商贾称便，立祠祀之。巡抚、总兵等官交疏其功，进四品禄。叛贼李珍、蒙能至僭王号，大肆猖獗，守臣知庆素为士人推服，言于朝，敕庆调兵讨贼。庆亲率兵突阵，歼厥渠魁，擒贼党二百余众。捷闻，朝廷降敕奖谕，褒其忠勤。自后征讨，无不克捷。升本司副使，巡边整敕兵备。又敕督造运船。庆以湖湘军民疲困日久，乞贷藩府自征木料，事办而民不扰。成化初，复领汉土官军十万余众，进腊屋、桃林、武冈、南洞等处，一鼓擒获，贼境悉平。加升食三品禄，进阶亚中大夫。凡用兵临阵，不专事杀戮，惟宣布朝廷威德以怀抚之，故多自归降。土人有以女子金帛献者，一无所受。为政严明，人不敢犯。成化辛卯，请老归。所著有《拙庵集》。后以疾卒。学士商辂表其墓，万安为铭。

明万历《余杭县志》卷六《人物志·宦业》、清嘉庆《余杭县志》卷二十六《忠义传》略同。

明万历《杭州府志》又载沈庆传记节本。明万历《杭州府志》卷八十三《人物十七·国朝政业》云：

> 沈庆，字仲会，余杭县人。学博才赡，善风角，精鱼鸟阵法。宣德初，由举人官翰林院五经博士。大学士陈循荐庆可大用，升湖广佥事。时靖州五开贼起，庆相度地宜，凿河渠，浚

隍堑，自偏桥镇直抵黄平，迂道千余里，由是据壕立兵，始以地利制贼，军民赖之。叛贼李珍、蒙能桀骜猖狂，至僭王号。庆亲率兵突阵，歼厥渠魁，擒获贼党二百余人。成化初，复统兵十万，进攻腊屋、桃林、武岗、南洞等处，一鼓悉擒。加三品俸，进阶亚中大夫。成化辛卯，以老乞归。所著有《拙庵集》。

明过庭训《本朝分省人物考》卷四十二、明徐象梅《两浙名贤录》卷十七、清康熙《浙江通志》卷三十一《人物一》、清乾隆《杭州府志》卷八十五《人物三·武功》、民国《杭州府志》卷一百二十八《人物二·武功二》略同。

（四）

但是，清人刘沛在纂修《零陵县志》时，却将沈庆几首诗的标题和次序写错了。

光绪《零陵县志》卷十四《艺文·金石》"澹山岩·明"一节如下：

> 《拙岩诗》，存。"仙岩真福地，三载复重游。青鸟书传远，红云羽盖稠。同行陪五马，讲道忆浮丘。笳鼓催行发，玄都怅莫留。"《再游》："春暖玄都锦作堆，旧游绣乡又重来。雷公轰雨掀龙井，仙子还丹憩凤台。满壁蛟螭碑篆古，数声霄汉鹤群回。欲探洞府无扃钥，千树碧桃开未开。""天顺壬午岁三月望日，东溪拙庵沈庆识。"
>
> 沈庆《游澹岩偶题》，存。"江山迎宪节，仙境豁吟哗。瑶草和烟润，琪花带露幽。通天明石窍，曲洞湛银流。篆古岩名淡，凉生景值秋。惯游高阃帅，踵眺毕藩侯。尘鞅安能谢，仙岩企少留。鸾笙听子晋，鹤驾迓浮丘。共说长生话，重添海屋筹。更无夸阆苑，遮莫羡瀛洲。欲去意难舍，思闲簪未投。那

堪回首处，天际夕阳休。""大明天顺己卯秋八月既望，中宪大夫、湖广等处提刑按察司副使、前奉敕征蛮、翰林院五经博士、东溪沈庆识。"（楷书十三行）

以上记载中，"楷书十三行"一句著录的是石刻的形式，表明刘沛或原诗记录者见到过石刻实物或者拓本。

但天顺己卯为天顺三年（1459），天顺壬午为天顺六年（1462），沈庆诗中说他"三载复重游"，显然是天顺三年初到澹岩，天顺六年再次游历。所以，应当是天顺己卯这一首在前，天顺壬午这一首在后。前者题为《游澹岩偶题》，后者题为《拙岩诗》《再游》。

而"拙岩"二字，要么写作"澹岩"，要么写作"拙庵"，一为岩洞之名，一为沈庆之号。仅只一字之差，刘沛却将此诗误作为"拙岩"。

光绪《零陵县志》卷十四《艺文·金石》"澹山岩诗"，分为宋、元、明、国朝四段，光绪二年（1876）刻本有整整 55 页，根本不容混进一首"拙岩诗"。

刘沛，字史亭，湖南龙山人，恩贡生，当时有工诗之名。清张培仁《静娱亭笔记》卷六《刘沛工诗》："龙山刘沛孤介工诗，有怀人绝句数章，语多精确。《黄海华》云：'心源志术辨无差，能吏通今古法家。可惜两京贤牧伯，苦吟诗句老天淮。'《郭筠仙》云：'海浸高楼月似霜，安西旄节等投荒。船山自有经传在，不用恩封异姓王。'《罗砚生》云：'征文识字老弥精，朴学无华爱砚生。五十年来名下士，从无书札到公卿。'《孙芝房》云：'风流三楚真名士，词赋乾嘉好翰林。不驾轺轩持玉尺，一生辜负爱才心。'《郭梣叟》云：'字法兵韬曲曲赅，灵犀分应妙能裁。茂陵拟奏通天表，第一军机秉笔才。'《朱香生》云：'短衣长剑走江湖，肝胆无双气太粗。犹喜圣朝文网阔，不成诗狱逮髯苏。'"以工诗之人而著录明诗，尚有此误，是为可惜。

《湖南永州零陵发现 44 块明清露天摩崖石刻》一文误将"仙岩

真福地"认作咏拙岩诗，又误解沈庆认作大夫庙村沈氏先祖，都是由于刘沛《零陵县志》的误导。

实际上，早于刘沛，嘉庆间宗霈已经正确著录了沈庆的 3 首澹岩诗。

宗霈（1772—1817），字稼秋，号静轩，又号筠深、云声，浙江会稽人。嘉庆十四年（1809）进士，官华容知县，二十年移零陵知县，二十二年卒于官。著有《静轩诗文集》等。刘沛修光绪《零陵县志》卷六《官师》有传，称其"辑《零志补零》，苦节遗贞，搜采毕登，残碑断碣，网罗殆遍"。可惜的是，刘沛了解《零志补零》，却没有仔细参照。

宗霈《零志补零》三卷，嘉庆二十二年（1817）刊。其书早于瞿中溶《湖南金石志》二十卷 3 年刊行，又特别注重亲身考察，所以价值独特。

宗霈即宗绩辰之父。

宗绩辰（1792—1867），又作稷辰，字迪甫，一作涤甫，又字其凝，号涤楼，又号攻耻，一作躬耻，世尊称之曰涤翁。道光元年（1821）举人，官内阁中书，充军机章京，迁起居注主事，再迁户部员外郎。咸丰元年（1851）迁御史，又迁给事中。在朝中，以保荐左宗棠，有盛名。五年授山东运河道。同治六年（1867），引疾归，寻卒。著《躬耻斋诗钞》《躬耻斋文钞》《越岘山人日记》等。《清史稿》有传，载其"罢官后，主余姚龙山书院、山阴蕺山书院"。别史又载宗绩辰曾主讲永州群玉书院及香苓讲社。今《躬耻斋文集》中有《濂溪书院讲规》《群玉书院学规》等文。

宗氏父子关于永州石刻的研究著录贡献极大。宗绩辰编纂的道光《永州府志》，道光八年（1828）刊行，内有《永州金石略》一卷，实为上、中、下三卷，在各版永州府志、零陵县志中，最为丰富。此外，宗绩辰还有《留云庵金石审》一书。

《零志补零》卷中重新为沈庆的澹岩诗题了名，其题名和排序为：

《天顺己卯中秋后游澹岩》（明湖广按察副司、前奉敕征蛮、翰博）沈庆（东溪）

《再游澹岩》（天顺壬午岁三月望日）前人（拙庵）

《又》

在3首诗的排序之后，又紧接着著录了湖广按察副司应钦（黄岩）的《游澹岩用沈拙庵韵》，排序可谓极为准确。

八

《永禁江坡》《永禁水源》两碑初探

《永禁水源》碑

（一）

光绪《永禁江坡》、民国《永禁水源》两碑，是目前为止所见猴滩沈家仅有的可移动石碑。《永禁江坡》碑在村外田间，靠近拙岩处。《永禁水源》碑在村外田间，靠近湘水上游处。

兹先将光绪《永禁江坡》碑文录出，并校注字句如下：

永禁江坡

窃闻皇帝画野而都邑分①，有巢构木而宫室就②。灵台灵沼③，周文之圆囿并兴④；小桥大桥，魏武之铜雀共架⑤。盖原以庄山河，以张国势⑥。是故砺山带河⑦，而天下平矣。惟我始祖，宦游西粤⑧，卜居南楚。择仁里于芝城⑨，构蜗居于湘水。上有张白之胜景⑩，游乐似夫陶潜；下附拙岩之涘涯，遣胜效夫钟子⑪。西瓜高砖之两峰⑫，作南保卫；渔矶沙洲之一派，为北帡幪。所以住宅鼎盛，人才培出，岂非地势之所钟，人杰之所致也！讵知乾隆年间，滔滔放滥，涨欲横天，岸堵几倾乎波中⑬。迨至道光而后，巨浪卉驰，汹涌撞地，洲畔尽崩乎水道。由是功名寥落，人物困顿，咎非人事之推移⑭，实沧田之变更也⑮。兹者我族父老念先人之遗宅，冀子孙之攸远。欲筑秦始之长城，愧无鞭石之法；思成蔡氏之桥梁⑯，奚有观音之助？尤忆北方之江坡，聊作住宅之护卫。栽植培禁，以图将来。或捐资而置买，或助地以入公。望后人之辉焕，冀子孙之光昌。但愿同心，共登仁寿之境；勿吝杖头⑰，永居义路之乡⑱。是为序。

并立合同字约。猴滩四房人等⑲，今为修整土木，兴复元气，永禁江坡，培植风水事。盖闻朝廷以湖海作帏帐，以山岳为帡幪。至于京省，莫不仰其要旨。我等承祖宗之遗迹，世居猴滩。前代兴隆，人文丕振。因赖北面河洲，为一方之保障。迨至道光、咸丰年间，洲被潢水冲颓，充去北面护卫。今者邀同我房人等，共商议确。将北边河坡，并各色树木长禁，培植风水，绍兴前业。其坡上至蒋姓茵沟为界[20]，下至石拙岩为界。又上以茵地边田边界，下以河水界。中间一齐长禁，茅草棘藤，毋许砍伐。今后勒碑永禁，各宜恪守遵规。如有不法之徒，胆敢私行偷窃，撞遇男妇大小，见者向众投知，公同议定章程，罚戏一天。恃强不服者，律横坏规，公同禀究。此系阖家公事，至善至美之举，非一人肥己之事。尤恐十年成之不足，一旦坏之有余。伏望列公各训子侄，宜兢兢日守，不得犯违。拿获不论亲疏，公同重罚勿贷。今恐人心不古，写立合同四纸，每房各收一张，并特刊列石碑，使后人永远咸知不朽云耳。

　　光绪二年四房同立合约人，己丑十五年吉立石碑，沈孝益、习，沈之深、纯、英、品，沈之彬、乐、东、南，沈之美、朝、见、连，沈之彩、发，德，沈道玘、琪、泰、琼，沈道□、荐、修、发，沈道云、祥、元、和。

【校注】

　　① 皇帝画野："皇帝"当作"黄帝"。《汉书·地理志》："昔在黄帝，作舟车以济不通，旁行天下，方制万里，画野分州，得百里之国万区。"

　　② 有巢：有巢氏。《庄子·盗跖》："古者禽兽多而人民少，于是民皆巢居以避之，昼拾橡栗，暮栖木上，故命曰有巢氏之民。"《韩非子·五蠹》："上古之世，人民少而禽兽众，人民不胜禽兽虫蛇，有圣人作，构木为巢，以避群害，而民悦之，使王天下，号之曰有巢氏。"

　　③ 灵台灵沼：《诗经·大雅·灵台》："经始灵台，经之营之。""王在灵囿，麀鹿攸伏。""王在灵沼，于牣鱼跃。"灵台，周文王台名。灵囿、灵沼，台下有囿，囿中有沼。

　　④ 圆圃：当作"苑囿"。

　　⑤ 铜雀：《三国志·魏书·武帝纪》：建安十五年，冬，"作铜雀台"。《邺中记》："魏武于邺城西北立三台。中台名铜雀台，南名

金兽台，北名水井台。"《水经注·漳水》："漳流自城西东入，径铜雀台下"，"城之西北有三台"，"中曰铜雀台，高十丈，有屋百余间。台成，命诸子登之，并使为赋。陈思王下笔成章，美捷当时"。曹植《铜雀台赋》："连二桥于东西兮，若长空之虮蝀。"

⑥ 以张国势："张"原写作"怅"，俗字。

⑦ 砺山带河：《史记》："使河如带，泰山若砺。国以永宁，爰及苗裔。"《宋史》有"陛下有砺山带河之誓"。

⑧ 宦游西粤：似指沈良佐，官终广西布政使左参政。仁里：《论语》："子曰：'里仁为美。择不处仁，焉得知？'"朱熹集注："里有仁厚之俗为美。择里而不居于是焉，则失其是非之本心，而不得为知矣。""知"读作"智"。

⑨ 芝城：永州府城、零陵郡城之别称，因有芝山而得名。芝山在古城西北2里。康熙《永州府志》卷八："蒋本厚曰：谒柳侯祠，西北行可二里许，即芝山也。其山东面是肤，西面是骨，断壁千寻，下临无际，俯眺田畴，仿佛似卷画。"

⑩ 张白：地名，不详。"张"原写作"怅"，"白"字稍有磨泐。

⑪ 遣胜效夫钟子：钟子似指钟子期，志在高山流水，故称"遣胜"。

⑫ 西瓜高砖之两峰：西瓜，地名，即西瓜岭，在潢滩沈家正东偏南，潇湘汇合后江水之东岸，今为西瓜岭森林公园。高砖，似亦为山岭名，不详。

⑬ 几倾乎波中："几"原写作"兀"，由"兠"而再简化，俗字。当作"幾"，简体作"几"。

⑭ 咎非人事之推移："咎非"又作"究非"。

⑮ 实沧田之变更："实"下疑缺一字。

⑯ "蔡氏之桥梁"二句：似用蔡襄建泉州洛阳桥故事，相传曾得南海观音相助。事见蔡襄《万安桥记》。

⑰ 杖头：指零用钱。《晋书·阮修传》载："修字宣子"，"性简任，不修人事。绝不喜见俗人，遇便舍去。意有所思，率尔褰裳，

不避晨夕，至或无言，但欣然相对。常步行，以百钱挂杖头，至酒店，便独酣畅。虽当世富贵而不肯顾，家无儋石之储，宴如也。与兄弟同志，常自得于林阜之间"。

⑱义路：《孟子·万章下》："夫义，路也；礼，门也。"又《离娄上》："仁，人之安宅也；义，人之正路也。"《告子上》："仁，人心也；义，人路也。"

⑲㺉：拙岩石刻"猴"字从水，写作"㺉"。地名不知所起，疑本为湘水支流小溪名，如愚溪、浯溪之类。

⑳蒋姓菡沟：地名，不详。"菡"，即"菌"俗写，同"园"。

兹再将民国《永禁水源》碑文录出，并略加疏解如下：

永禁水源

为永禁水源，今约人，今因长塘水源永禁。盖闻朝廷有治律，乡区有禁约，此乃民生之保障。至今邀同我房人等，共商议确，将长塘水源永禁，绍兴合界前业。东至塘脚下断塘水沟之麻田为界，南至条子圫枫木长圫为界，西至水南圫砖兜陈家章圫，北至老车埠为界。不得越界强车，为永远长禁。今后勒碑，各宜恪守遵规。倘有不法之徒，胆敢私行坏规，向众投知，公议章程，每亩田罚光洋四元。特强不服者，律横坏规，公同禀究。此系阖族公事，不一人肥己之事，各宜日守，不得犯违。倘有犯违，公同重罚，决不宽贷。今欲有凭，公立石碑为拘。

民国廿二年八月初二具，立碑人沈道亨，明贤润和，德容贵乐等。

光绪《永禁江坡》的立碑人，在《沈氏家谱·一旺公派下世系总图》中，为第十四、十五、十六派。

现存《沈氏家谱》残本谱系图一册，分为两个部分，前为《一旺公派下世系总图》，后为《兴辛里分支世系总图》。

《一旺公派下世系总图》部分的记载为：一世始祖沈一旺，二派沈福，三派沈达、沈逵、沈通。

沈逵五子：沈良相、沈良臣、沈良佐、沈良辅、沈良弼。是为第四派。

沈良相有一子，名沈继芳。沈良臣有一子，名沈继年，家谱注明"出川"。沈良佐有二子，名沈继科、沈继美。沈良辅有一子，名沈继光。沈氏后裔分支最盛，主要是沈继芳、沈继科、沈继光三支。

大约从第四派开始，子孙名字有一致的规则。其辈分与名字用阿拉伯数字简列如下：

4	良
5	继
6	懋
7	如
8	时
9	奇
10	木？
11	荣？
12	文
13	大
14	学
15	之
16	道
17	明
18	德

光绪《永禁江坡》的立碑人，有大字，有双行小字，共8段。

第1段，第十四派"孝"字辈，共2人：沈孝益、沈孝习。

"孝"字辈，《沈氏家谱》写作"學"，简体作"学"。

"孝"字又写作"斈"，《说文》在子部，云："斈，放也。从子，爻声。"

"學"字又写作"斈"，桂馥《说文解字义证》又云："斈，经典通用'學'字。"朱骏声《说文通训定声》亦云："斈，此字疑即'學'之古文。"

所以古文"孝""学"两字可以相通。

沈孝益、沈孝习两人名字，在《沈氏家谱》第14、15页。

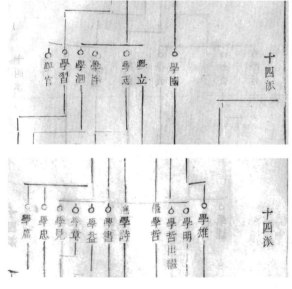

第2段，第十五派"之"字辈，共4人：沈之深、沈之纯、沈之英、沈之品。

4人名字，在《沈氏家谱》第13、14、15页，沈之深、沈之纯、沈之品3人为沈文瑞一系，沈之英为沈文高一系。

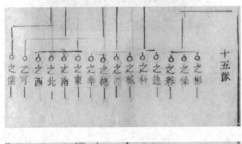

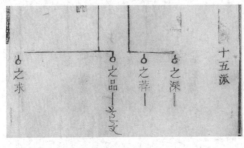

第3段，第十五派"之"字辈，共4人：沈之彬、沈之乐、沈之东、沈之南。

4人名字，在《沈氏家谱》第14页，均为沈文锦一系。

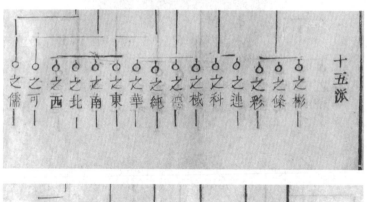

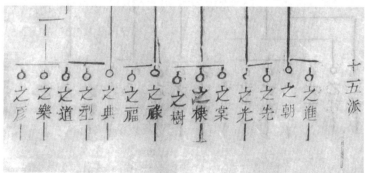

第4段，第十五派"之"字辈，共4人：沈之美、沈之朝、沈之见、沈之连。

沈之朝、沈之连的名字，在《沈氏家谱》第14页，均见上。

第5段，第十五派"之"字辈，共2人：沈之彩、沈之发。

沈之彩的名字，在《沈氏家谱》第14页，见上。沈之彩、沈之发两人名字下，第5段与第6段之间，有一"德"字，与《沈氏家谱》辈分不合，似衍文，意不详。

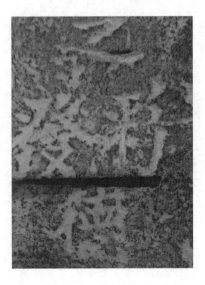

第 6 段，第十六派"道"字辈，共 4 人：沈道玘、沈道琪、沈道泰、沈道琼。

4 人名字，沈道泰在《沈氏家谱》第 32 页，沈道玘、沈道琪、沈道琼（"瓊"误作"瓔"）在《沈氏家谱》第 40 页。

第7段，第十六派"道"字辈，共4人：沈道□、沈道荐、沈道修、沈道发。

第1人沈道□，名字被人为凿毁。沈道修、沈道发的名字，《沈氏家谱》第28、29页。

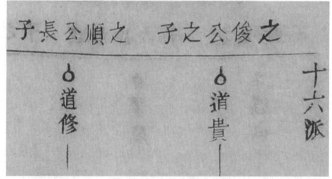

第8段，第十六派"道"字辈，共4人：沈道云、沈道祥、沈道元、沈道和。

沈道云的名字，在《沈氏家谱》第40页。

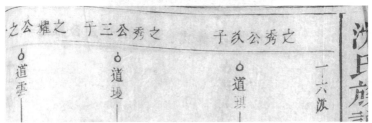

以上名字，"孝"（"学"）字辈2人，"之"字辈14人，"道"字辈12人，共计28人。大部分名字可以和《沈氏家谱》对应。

《永禁江坡》石碑又"溇滩四房人等"公立，"四房"应当指"之"字辈的4段。"孝"（"学"）字辈1段2人，作为长辈，起着领衔的作用。而"道"字辈的3段，作为晚辈，应当是符合在后的。

（二）

溇滩沈家经过明清两代的繁育，家族庞大，人丁兴旺，因此而有为了阖族的共同利益，举族订立公约的行为。

碑文所说的"江坡"，指湘水南岸溇滩沈家一侧的坡岸，坡岸上即为农田和屋舍。至今拙岩沿岸，仍能见到明显的断层、裸露的树根，以及挂在树枝高处被洪水冲击过的浮物。拙岩所在的江面有一处条石垒砌的码头，早已坍塌废弃，拙岩下游不远处，有一处水泥修建的码头，仍在使用。可知明清江坡一带，除了有农田、屋舍需要保护以外，船只码头也需要保护。

碑文中又说到沙洲。至今拙岩下望，仍然可见湘江中的一处宽阔的沙洲，由河卵石堆积着，附近的机动挖沙船不时往来游弋。村中老人说，从前沙洲上树木高大，是一片绿洲，村民都不能砍伐，现在几乎寸草不生了。碑文几次说到的沙洲、河洲、洲畔，可以肯定正是石碑主要保护的对象。

沈氏一族对江坡和沙洲提出保护的直接原因，是清代康熙和道光年间的两次大洪水。但是，在这直接原因背后，沈氏族人又提出了一个特别理由，就是他们认为，江坡和沙洲的毁坏，会导致沈氏家族人才的减少。从前，沈氏"住宅鼎盛，人才辈出"，而在江坡、沙洲毁坏以后，"功名寥落，人物困顿"。沈氏家族认为，对江坡、沙洲的保护，会直接促动着家族里人才的兴旺。这样一种观念，值得引起特别的注意。

实际上，唐宋名流开始对永州、零陵有所称道，正是认为这里的一方水土，清淑、清慧，可以使人生养出优异的品格。唐代韩愈于衡阳作《送廖道士序》曰："衡山之神既灵，而郴之为州又当中州清淑之气，蜿蟺扶舆磅礴而郁积，其水土之所生，神气之所感，意必有魁奇忠信材德之民生其间。"刘禹锡《海阳湖别浩初师并引》则重申说道："潇湘间无土山，无浊水，民乘是气，往往清慧而文。"人与自然息息相关，《永禁江坡》碑刻承接了唐宋人的这一观念，他们出于"望后人之辉焕，冀子孙之光昌"，绍兴祖宗前业的目的，决心"栽植培禁，以图将来"，是开明而合理的。

《永禁江坡》碑文一开始从往古黄帝、有巢氏、周文王、魏武帝说起，之后又说到国势砺山带河、朝廷以湖海做帏帐，有一个十分隆重的引子。但其实，作为一个江村，猴滩沈家不可能受到国家、京省直接的行政支持，族人的合约也不具备真正的法律效用。但是，合约又确实是有效的，它可以确保江坡、沙洲的勒碑永禁，"一齐长禁，茅草棘藤，毋许砍伐"，实际上正是古代宗族、村民自治的一种优良形态，是低于地方行政最基层的层面，却实际上处在近似于法律法规的保护之中，由此获得一种良好的基层秩序。并且，这种"至善至美之举"也完全遵循着自古以来儒家"里仁""义路"的教化。

《永禁江坡》石碑建于光绪二年（1876），《永禁水源》石碑建于民国二十二年（1933），二者相距58年。

民国《永禁水源》的立碑人，在《沈氏家谱·一旺公派下世系总图》中，为第十六、十七、十八派。领衔的是长辈沈道亨，单由辈分来看，他和光绪二年《永禁江坡》碑文中的第十六派"道"字辈的12人是同辈。沈道亨有可能亲身见到过光绪石碑的建立，有可能还保留着共计4份的《永禁江坡》合约。

民国《永禁水源》碑文的署名，共有3段。

第1段，第十六派"道"字辈，共1人：沈道亨。

沈道亨的名字，在《沈氏家谱》第39页，注明"之发公次子"。另外在《沈氏家谱》刻本"沈道亨"名下，又有硬笔手写添补的三派，似乎表明对沈道亨后人的格外重视。

第2段，第十七派"明"字辈，共3人：沈明贤、沈明润、沈明和。

沈明贤，"贤"写作"贇"，俗字。沈明润、沈明和，"润""和"两字稍磨泐。

沈明和的名字，在《沈氏家谱》第39页，有两处，一在"沈道成"名下，注明"继明和"，一在"沈道章"名下，注明"明和过继"。

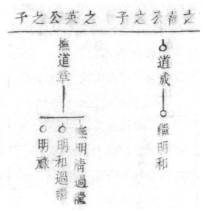

第3段，第十八派"德"字辈，共3人：沈德容、沈德贵、沈德乐。

沈德乐，"乐"字稍磨泐。沈德容，为《永禁江坡》具名的沈道玘之孙，名字在《沈氏家谱》第39页。

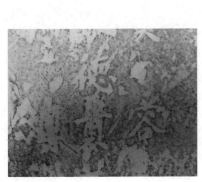
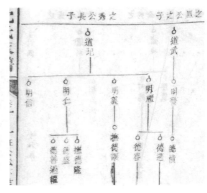

民国《永禁水源》的作用，是合理利用池塘水源，以灌溉农田，而非保护江坡与沙洲，但在通过阖族立碑合约的方式上，二者完全相同，并且前后承接。除了立碑人均为沈氏，与《永禁江坡》碑前后承接之外，即文本在措辞上，民国《永禁水源》都刻意因袭了光绪《永禁江坡》。如说"绍兴合界前业""各宜恪守""倘有不法之徒，胆敢私行坏规""向众投知""公议彰程""恃强不服者，律横坏规""各宜日守"等处，二者字句完全是相同的。并且，民国碑文在意修辞，唯不甚典雅，又不避俗字，也都与光绪碑文相似。

当然，民国碑文毕竟还体现着自己的时代特点。譬如，光绪碑规定，如有破坏合约者，"罚戏一天"。民国间大概已不流行唱戏，所以改为"每亩田罚光洋四元"。

但民国碑文也有一些地方，意外地沿袭着旧日的传统，又使人有滞后于时代的感觉。

如说"朝廷有治律，乡区有禁约"，"朝廷"做了回行顶格，仍用清朝的行文格式，而当时进入民国已有 22 年之久了。

九

沈良佐生平事迹考

溪滩村落

（一）

沈良佐，字尧卿，号溪东，沈良臣之弟。

沈良佐在拙岩有石刻七言律诗一首，《重步溇滩书事》：

> 江湖胸次浩无涯，看破人情似转车。
> 明月照怀吟好句，清风生腋试新茶。
> 门无俗客堪投辖，时有幽人共泛艖。
> 金紫良图付儿辈，不妨林下老年华。

沈良佐 户部员外

这首诗是唱和沈良臣《溇滩庄屋书事》的，"重步"为步韵之意（步韵、次韵、和韵意皆相同）。

沈良佐在正德三年（1508）成进士，之后任户部主事，后当升任员外郎。道光《永州府志》说他"归栖拙岩，以诗文送老"，可见这首诗只是他中途回乡之作。至于致仕以后的诗文，现在已经看不到了。

沈良佐为沈良臣之弟。据零陵沈庄《沈氏家谱》，三派沈逵，生五子：沈良相、沈良臣、沈良佐、沈良辅、沈良弼。

今溇滩沈庄沈氏后裔保存有《沈氏家谱》，可惜不全，只有一册谱系图，并且残损严重。卷首有第十五派后裔所作的序文，仅仅残余二角，记载了沈氏后裔分枝散叶的迁徙过程，提到"全县"等地。至于溇滩沈庄沈氏始祖从何而来，已经无法看到了。

《沈氏家谱》记载沈氏始祖前三派如下：

一派：沈一旺
二派：沈福
三派：沈达　沈逵　沈通

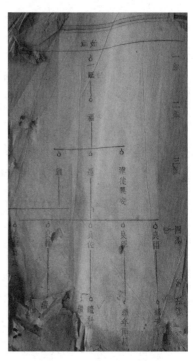

　　沈良臣、沈良佐兄弟为四派，出自沈逵一系。推算始祖沈一旺应当是在明初永乐年间迁入零陵。

　　沈良佐，《永州府志》《零陵县志》有传。

　　明弘治《永州府志》卷四《科甲》："沈良佐，零陵人。正德戊辰吕柟榜，历主事、副使，终广西左参政。"

　　明隆庆《永州府志》卷十四《人物列传》："沈良佐，字尧卿，零陵人。立心忠厚，行事光明。由进士任南京户部主事，终广西左参政。所至皆有治绩。"

　　清康熙九年（1670）《永州府志》卷十六《人物志中·名贤列传》："沈良佐，字尧卿。领弘治壬子乡荐，正德戊辰成进士。任户部主事，历官知府，转副使，升广西左参政。为政平恕，所至有惠绩。"

　　清康熙《零陵县志》卷九《人物考》："沈良佐，字尧卿。领弘治壬子科乡荐，正德戊辰成进士。任户部主事，历官知府，转副使，升广西左参政。为政平恕，所至有惠绩。"

清光绪《零陵县志》卷九《仕迹》："沈良佐，字尧卿。弘治壬子乡举，正德戊辰进士。任户部主事，历官知府，转副使，升广西左参政。为政平恕，所在有惠绩。"

清道光《永州府志》卷十五上《先正传》："沈良佐，字尧卿，零陵人。弘治初举人，正德三年进士，任户部主事，历官郡守，转副使，升广西左参政。为政平恕，所至有惠绩。归栖拙岩，以诗文送老，人皆贤之，祀乡贤。"

此外，沈良佐在《明一统志》《四川通志》也有传。

《明一统志》卷六十五："沈良佐，零陵人。直心忠厚，行事光明。由进士任南京户部主事，终广西左参政。所至皆有治绩（郡志）。"

清雍正《四川通志》卷七上《名宦·顺庆府》："沈良佐，湖广人。正德中由进士知顺庆府，延士论以苏民瘼。"

（二）

沈良佐生平事迹主要有：

1. 中举人：弘治五年壬子科（1492）。

康熙《零陵县志》卷八《选举考》明乡荐，弘治五年壬子科："沈良佐，字尧卿，戊辰进士。"

光绪《零陵县志》卷七《选举》："沈良佐，正德三年戊辰吕柟榜。有传。"

2. 中进士：正德三年戊辰科（1508）。

明张朝瑞《皇明贡举考》卷六正德三年会试，第二甲一百十五名赐进士出身："沈良佐，湖广零陵县。"

清康熙《零陵县志》卷八《选举考》正德三年戊辰吕柟榜："沈良佐，字尧卿，号溪东。授南京户部主事，转郎中，迁四川顺庆知府，升江西副使，调云南副使，升广西苍梧道左参政。有传。"

3. 任户部主事：大约在正德三年中进士之后。

《明史·职官志一》户部："主事二人，正六品。宣德以后增设云南司主事七人，浙江、江西、湖广、陕西、福建、河南、山西七司主事各二人，山东、四川、贵州三司主事各一人。"

4. 任户部郎中：由户部主事升任户部郎中。

《明史·职官志一》户部："浙江、江西、湖广、陕西、广东、山东、福建、河南、山西、四川、广西、贵州、云南十三清吏司，各郎中一人，正五品。宣德以后增设山西司郎中三人，陕西、贵州、云南三司郎中各二人，山东司郎中一人。"

5. 任四川顺庆府知府：正德年间。

清雍正《四川通志》卷三十《职官·顺庆府》："沈良佐，零陵进士。以上正德中任。"

6. 任云南按察使司副使：正德或嘉靖年间。

明正德《云南志》卷一《宦迹》按察使·副使："沈良佐，尧卿，湖广零陵县人。"

明万历《云南通志》卷九《官师志》按察使·副使："沈良佐，尧卿，湖广零陵县人，进士。"

明天启《滇志》卷十二《官师志》按察使·副使："沈良佐，尧卿，湖广零陵县人，进士。……俱嘉靖年间任。"

《明史·职官志四》提刑按察使司："按察使一人，正三品。副使，正四品。""按察使掌一省刑名按劾之事"，"副使、佥事，分道巡察"。

7. 任江西按察使副使：在嘉靖五年（1526）。

明嘉靖《江西通志》卷二《命使》按察使·副使："沈良佐，字尧卿，湖广零陵县人。由进士历任云南副使，改本司副使兵备饶州，嘉靖六年二月十二日到。"

清同治《饶州府志》卷九《职官志一·统辖·明》分巡道驻饶："沈良佐，字尧卿，零陵进士。嘉靖五年任。"

8. 任云南布政使司副使：在嘉靖年间。

清乾隆《云南通志》卷十八上《秩官》布政使·副使·嘉靖：

"沈良佐，零陵人，进士。"

《明史·职官志四》承宣布政使司："左右布政使各一人，从二品。左右参政，从三品。""布政使掌一省之政，朝廷有德泽、禁令，承流宣播，以下于有司。"

9.任广西布政使司参政：嘉靖年间。

清雍正《广西通志》卷五十三《秩官》右参政："沈良佐，零陵人，嘉靖间任。"

（三）

关于沈良佐"所至有惠绩"，文献中有如下记载：

在永州修建坊牌。

在四川修建灵雨亭。

明万历《四川总志》卷十《郡县志·顺庆府》："灵雨亭，［在］府堂后，知府沈良佐建，同知鲁儒记。"清雍正《四川通志》卷二十六《古迹》同。

在江西修缮城墙。

清光绪《江西通志》卷六十六《建置略》：守厅六，瓮城楼一，吊桥三，嘉靖间副使范辂、沈良佐，知府彭辨之相继修。

清同治《饶州府志》卷四《建置志》、同治《鄱阳县志》卷三《建置志》："嘉靖元年大水，城多为水所啮。兵备副使范辂，措画工力，遇缺兴筑。六门之楼蠹坏，知府彭辨之修建。六年大水，城有覆者，兵备副使沈良佐议完之。"

在广西修缮城墙。明嘉靖《广西通志》卷五十二泗城州："城池城周三百一十丈……嘉靖七年，参政沈良佐睹城褊小，请于新建伯王守仁，展城南一百六十三丈，增一东门。事未就绪，都御史林富委梧州府通判李约方竟其工。"

由于惠举惠政，沈良佐被奉入永州乡贤祠。明隆庆《永州府志》卷八："西为乡贤祠，祀晋秘书监丞叶谭、御史大夫臧荣绪，国朝监察御史吴种，参政沈良佐、朱衮。"清康熙《永州府志》卷七同。

最后需要特别指出的是，在出任广西参政期间，沈良佐曾为王阳明僚佐。

嘉靖六年（1527），王阳明出任两广总督兼巡抚。《明史·王守仁传》："嘉靖六年，思恩、田州土酋卢苏、王受反。总督姚镆不能定，乃诏守仁以原官兼左都御史，总督两广兼巡抚。"

王阳明在广西平叛期间，沈良佐曾上奏参赞军务。

《王文成公全书》卷三十载《批参将沈良佐经理军伍呈》（嘉靖七年［1528］八月二十四日）（明谢氏刻本。目录及正文"参将"当作"参政"）。全文如下：

> 看得五屯系远年贼巢要害之处，而备御废弛若此，正宜及此平荡之余，经理修复。今该道各官公同议处，要将城垣展拓，建置守备等衙门，及将该所分调各处哨守旗军，尽数取回。调用广东协守官军，发回原卫。缺伍犷军，清查足数，每年贴贼藤县甲首银一百两，通行除免，查编甲军，务足千名之数。议处悉当。除本院已经依议具奏外，仰该道各官照议施行。仍行总镇总兵及镇巡等衙门，知会该府县卫所等官，俱仰查照施行。缴。

此后三个月，嘉靖七年十一月二十九日，王阳明即因病去世了。而在广西期间，王阳明的学问和事功早已大著于天下，沈良佐曾经受到他的直接影响，并将王学带回乡土，是可以肯定的。

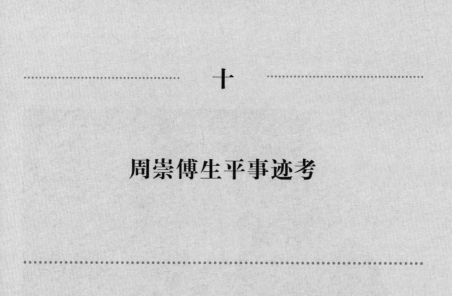

十

周崇傅生平事迹考

周崇傅"忘机处"榜书石刻外景

永州周家大院的子岩府有一副楹联："一等人忠臣孝子，两件事读书耕田。"子岩即周崇傅（1830—1892），字少白，号子岩，清零陵人，系宋代理学开山鼻祖周敦颐的后裔。同治七年（1868）进士，光绪元年（1875）改官中书，后随左宗棠收复新疆。周崇傅历官清廉刚正，勤勉有加，做好"忠臣孝子"、践行"读书耕田"的家训，也是他一生的写照。

周崇傅没有著述传世，其传记资料主要保存在官修史书中，包括《清实录》《大清缙绅全书》《清代朱卷集成》等，以及光绪年间的方志中，如《零陵县志》《道州志》，此外，《左宗棠全集》中也记录了周崇傅在新疆的部分事迹。

（一）官修史书、湖南地方志中关于周崇傅入翰林编修的记述

关于周崇傅的记载，最早见于清代官修朱卷：

> 周崇傅，始祖士德（由江西九江府浔阳县迁居祁阳）。七世祖希圣（明万历己丑进士，历官南京户部尚书，行详《一统志》，崇祀先贤）……（周崇傅）原名纯傅，号子岩，行四。年三十八岁，湖南永州府零陵县拔贡生，兵部主事，民籍。
>
> 同治七年闰四月初九日，内阁奉上谕：新科一甲三名进士洪钧、黄自元、王文在业经授职外，许有麟……周崇傅……俱著改为翰林院庶吉士。

清光绪二年（1876）《零陵县志》是最早记录周崇傅的地方志，当时周崇傅为翰林院编修，记录较为简单，共有三条：

> 周崇傅，号子岩，同治七年戊辰洪钧榜，授翰林院编修。
> 周崇傅，字子岩，壬戌科北闱陈光瑄榜，戊辰进士。
> 周崇傅，字子岩，辛酉同科壬戌北榜，戊辰进士。

周崇傅的传记资料还见于同治九年（1870）秋《大清缙绅全书》、同治十年冬《大清缙绅全书》、《清实录》：

> （同治九年）周崇傅，湖南零陵人（戊辰）。
> （同治十年）加一级，周崇傅，湖南零陵县人（戊辰）。
> （光绪元年）庚子，谕内阁，此次考试翰詹各员，经阅卷大臣等校阅进呈，亲定等第……考列四等之编修谢元福，著罚俸四年。雷钟德、周崇傅，均著改为内阁中书，仍罚俸一年。

从官修史书、地方志这两种史料来看，均为周崇傅参加同治戊辰（七年，1868）会试，进士及第，入翰林授编修、改内阁中书的记载，比较简略。至于早年的学习、仕宦生涯，《周氏重修宗谱·周公子岩墓志铭》载：“禀赋颖异，淹贯诸子百家。弱冠，入县庠，与仲兄崇俊从厥考，肄业岳麓。文课超夷，时拟三苏。咸丰辛酉，学使胡公瑞澜拔贡成均，廷试高等，签掣县令，坚辞不就。”从“肄业岳麓”“文课超夷”等语来看，周崇傅早年勤学苦读，学识渊博，有卓然超群之能。

在光绪《零陵县志》中，还有记载周崇傅的父亲周绍邠敕封的资料：“周绍邠，以子崇傅敕封文林郎，晋封奉政大夫。妻汤孙氏，诰封宜人。”

此外，在湖南零陵的《魏氏宗谱》中，有6篇周崇傅写给魏氏族人的寿序、墓志铭，其署名为“（光绪九年）钦加盐运使衔赏戴花翎前署理甘肃平庆泾固化道奏调江南尽先补用道姻世愚侄周崇傅顿首谨撰并书”“（光绪十三年）赐进士出身翰林院编修江苏候补道姻世愚周崇傅顿首拜撰并书”“（光绪十七年）赐进士出身翰林院编修盐运使衔赏戴花翎甘肃候补道新授甘肃新疆喀什噶尔兵备道年世愚弟周崇傅顿首拜撰并书”“（光绪十年）赐进士出身翰林院编修江苏候补道姻世愚侄周崇傅顿首拜撰并书”“（同治辛未）赐进士出身翰林院编修世愚侄周崇傅顿首拜撰”“壬戌科举人签发河南知县姻愚弟周崇傅顿首拜撰并书"。这些序跋，不仅反映了周崇傅与零陵魏氏家族交谊甚好，联为姻亲，而且记载了其生平、官宦历程，有待进一步探讨。

（二）周崇傅与永州拙岩摩崖石刻

近于永州零陵湘江河岸新发现周崇傅拙岩题跋一则，碑文分为"正文"和"跋"两个部分。碑文为同治庚午（九年，1870）唐仙农题写的"忘机处"三个篆字。跋为周崇傅所作：

温飞卿《利州南渡》诗，有"五湖烟水独忘机"句。仙农意不在钓，暇以钓为寄，自题其处曰"忘机"，近乎道矣！

唐仙农即唐九龄，"五品衔，中书科中书"，永州市零陵区大夫庙村人。据光绪《零陵县志》记载："节孝亭，在城西大夫庙侧，唐九龄为母建。""节孝坊在大夫庙，唐九龄为母屈氏建。""屈氏，儒童唐庆荣妻。年二十，夫故，遗腹生子九龄，矢志守节。姑李氏，性卞切，氏曲意顺承，无所迕。九龄长，就傅程课，极严。岁辛亥，当事以孝廉方正举九龄，氏命辞之，盖以其实不易居也。九龄旋报捐中书科中书。氏年六十一卒。孙四，次昭铣，邑庠生。"唐九龄在大夫庙村建有节孝亭，按节孝亭是为旌表当地孝子烈女而建，可推测其为离拙岩不远的大夫庙村人。

唐九龄的儿子唐昭铣在拙岩刻有记事碑：

同治庚午上巳，邑人唐仙农携子昭铣，陪太守汉阳黄公海华，邑侯无锡稌公伯润，邑人赵司马旸谷、周太史子岩同游。

伯润夫子题词：仙农舍人儵然尘外，守拙林泉，庄襟老带。

"拙岩：县西十余里，溁滩临江有巨窟。明正德壬申岁，征士沈良臣尧夫始辟之，号拙岩，以拟柳氏之愚岛，有诗纪刻，石多剥落，不能尽辨，皆前志所未列于名胜者也。""柳氏之愚岛"即愚溪，明正德七年（1512）沈良臣效仿柳宗元愚溪而辟有拙岩，以示隐逸之情。拙岩位于大夫庙村附近，同治九年三月初三，唐九龄陪同黄海华、嵇伯润、赵旸谷、周子岩同游拙岩。嵇伯润即嵇有庆，"知县嵇有庆，江苏无锡人，举人，七年十一月调"。于清光绪二年（1876）主修光绪《零陵县志》。嵇有庆同治七年从慈利县调入零陵县，任知县一职，此次考察拙岩为嵇有庆上任零陵知县后，与黄文琛、周崇傅等人同游。

"忘机"见于《列子·黄帝》，指甘于淡泊，忘掉世俗，与世无争。周崇傅以温飞卿《利州南渡》诗跋拙岩"忘机处"，展现出唐九龄为报母亲恩情，"捐中书科中书"，实际上仍在乡里隐居，寄情山水，与世无争，忘却俗念的生活情趣及精神意境，这与周敦颐"吟风弄月"的恬淡洒落情怀一脉相承，故曰"近乎道矣"。

（三）周崇傅与永州澹岩石刻

周崇傅喜欢游历山水，除拙岩外，目前在永州澹岩找到了周崇傅另外一通石刻。石刻原为活碑，已被人为裁成条状，铺作石阶，目前仅发现残留两条。

据洪武《永州府志》记载："澹岩，在城南二十五里。崖有二门，中有澹山寺，楼殿屋室隐隙罅中，虽风雨不能及。四顾石壁，削成万仞，傍有石窍，古今莫测其远近，目之者有长往之意。大中张颢记云：'出乎天巧，盘伏于两江之间，其形如龟，其势如龙，周回二里。中有崖窦，可容万夫。古有老人处其下，以澹氏称，因为此山之名。秦有周君贞实，避焚坑之祸，隐于此，石床、石井犹存。唐兴，有僧到崖下，坐盘石，敷演法华真常妙理。见二蟒各长数十尺，盘于前，师曰：'若受吾训，当释汝形。'须［臾］化双狐，能飞鸣，名曰'训狐'。师居崖中，凡五十年。'"康熙《永州府志》："易三接《山水纪》云：'澹山岩，唐以前犹未见，是以不入元、柳诗文，至宋黄山谷始题识之。今山谷诗与岩争秀，字瘦而韵。位置碑处亦奇，洞中一石宽数丈，载诗与书，若烟云簇簇，珠玉瑟瑟者然。'"因此，澹岩的得名，一方面与澹姓人家有关，故称澹岩；另一方面，秦时周贞实隐居避世，淡泊名利，也称"澹岩"。澹岩名声远播，游客纷至沓来，宋代周敦颐、胡寅、柳拱辰等文人都曾游历于此。宋崇宁三年（1104）黄庭坚以"永州澹岩天下稀"的诗句，赞美澹岩独特的自然风光，引起历代文人墨客的仿效热潮，留下了大量诗文。

　　遗憾的是，周崇傅题刻在《永州府志》《零陵县志》等方志资料中并无记载，现存石刻也已破损不完。但从"崇傅书"，以及澹岩位于富家桥镇，离周崇傅家乡不远，是往返县城的必经之路等因素可以确定，"崇傅"即是周崇傅。"达冲阿"为王德榜，湘中宿将，赐号锐勇巴图鲁、达冲阿巴图鲁。

　　该石刻的书法清新隽永、儒雅大气，与周家大院现存的蝇头小楷墨迹相得益彰，说明周崇傅早年勤练书法，修养心性。从碑文中"穷极幽邃""力竭气疲""继以弹棋""凉气袭人""岩多奇石"等词可以看出，周崇傅描述了澹岩幽绝奇胜的独特风光与诗情画意的人文意象，另一方面，倾慕山林情趣，表达了对淡泊宁静、安逸恬淡田园生活的向往。正如《周公子岩墓志铭》载："长山水绝胜处，至是归田课耕，肆意探奇，穷岩幽谷，罔不躬历，游踪所至，箬笠草履见之者，不知其为达官贵人也。"

（四）周崇傅与蘋洲书院

　　光绪八年（1882），左宗棠辞去两江总督后，他（周崇傅）也退归故里，寄情山水。时有王德榜在永州创办萍州书院，他被聘为山长，严格要求弟子，敦品励学。光绪十五年（1889）湖南乡试，萍州书院有八人考取贡生，一时称为盛事。

萍州书院即蘋洲书院，又名白蘋州书院、白蘋书院，"白蘋州书院，在县西洲中，邑人眭文焕创建，今废"。"黄叶渡下有白蘋洲，广半里，长二里余，旧多白蘋，故名。今则古木丛生，柯叶翁葧，夏日绿阴照水，孤舟多系其下，望若画图。上有白蘋书院。""白蘋书院，在白蘋洲上。乾隆四年，邑绅眭文焕、子曰培创建。十九年为巨浸所没，后邑令陈三恪培植林木，禁止诛伐，而书院不复修矣。"蘋洲书院重修，是在"光绪十三年，湘军名将王德榜、席宝田重建，周崇傅为山长"。

据《蘋洲书院碑》记：

　　光绪十一年，王德榜衣锦荣归，议在蘋洲创建书院。其时八县学府，只有濂溪书院一所招纳童生，而生员想入学者只好望洋兴叹。王公遂邀其亲家席砚香出巨资买下蘋洲，庀材鸠工，惨淡经营，数年之间，便告成功。越年，商请永州知府，敦聘周翰林子岩作山长，札饬八县考送生员入学讲习。

民国三十五年唐劢《〈蘋中一览〉序言》云：

　　蘋洲距零陵城北八里许，旧称浮洲，亦曰岛洲，当潇湘二水汇合之处……光绪十一年乙酉，江华王公朗清，解组归来，窈窕寻壑，顾而乐之，相与谋于东安席公砚香、零陵周公子岩，即以此名胜之区，作士子藏修之所，倡建书院，纠合时贤，各斥巨资，越三岁落成，以上游有白蘋洲，因命名为蘋洲书院，由永州知府先后敦聘周子岩、唐玉轩、赵芷苏、孔宪教、彭靖黎诸公为山长，并札饬八县，考送生员，入院讲习。

《永州文史资料》记载：

蘋洲书院建立于 1887 年（清光绪十三年）。院址在零陵城北八里潇湘二水汇合处江心之小洲上……清代江华王德榜，字朗清（时人称王八大人），出身武职，立有战功，擢升贵州布政使。人议王氏无文学，不宜任此职，致仕后，寓居永州，深感无文学受屈辱之苦，爰倡议创办书院，以此为桑梓文化服务，邀集东安富户席砚香（宝田）等捐资修建，获得零陵翰林周崇傅（子岩）及黎宜轩、何子安等之赞助，择址于凫洲，以其上游有白蘋洲，遂命名曰蘋洲书院……书院于 1885 年（清光绪十一年乙酉）动工兴建……1887 年（清光绪十三年）书院建成后，即通告八县考送生员入院讲习，以周子岩先生为山长，嗣后有唐玉轩、赵芷苏、孙宪教、彭清黎诸先生继任山长。

《周氏重修宗谱·周公子岩墓志铭》：

旋讲学蘋洲。末流文弊，士鲜实学。公品第人才，原本经史。己丑乡试，隽八人，其余亦多有成就。转移风会，其在斯乎！

王德榜为何聘请周崇傅为山长？据清光绪《道州志》记载，同治甲子年（三年，1864），道州建有文社，周崇傅曾在此执教："文社，在州治后。同治甲子年，许清源、周选哲等倡捐新建。前环潇水，后枕元山，上建圣宫，中开讲院，东西两斋，高明宏敞。阶下泉池双清，周围竹柳交翠，胜景宜人，肄业其中，宛登岳麓焉。一时人心欢悦，助捐者众。建造所余青蚨二千串有奇，经管生息，以作延师膏火月奖赏之需。数年来，切磋琢磨中，多能文之士。非惟登贤书、选成均蝉联有人，即掌教之周子岩太史，亦由斯而登翰苑，其为灵秀之区可知。愿董其事者矢公矢慎，扩充而永守之，则作育幼资，文风更蒸蒸日上矣。"由此看来，周崇傅坚守"读书耕田"的家训，在入翰林以前，已是饱读诗书的"能文之士"。周崇傅被聘为蘋洲书院山长，一是王德榜与周崇傅都追随左宗棠东讨西征，同为湘军名将，义兼师友，情投意合；二是周崇傅学识广博，早年的教学经验，可促使蘋洲书院"更蒸蒸日上"。

（五）周崇傅跟随左宗棠事略考

1. 光绪二年（1876）随左宗棠西征

光绪二年，左宗棠率部出关，收复新疆。素知周崇傅有济世之才，上疏请求周崇傅前往新疆：

> 剿捕大学士、陕甘总督左宗棠……又奏：调户部主事袁锡龄、道员周崇傅、知府周汉、同知易孔昭来营差委。

不久，清廷对其请求做出回应：

> （光绪二年三月十九日）查有回籍前翰林院编修改内阁中书、捐升候选道周崇傅，前在臣军办理营务，一切深资赞助。其人勤朴明练，洞晓机宜。现已檄调到营，随同西征，听候差委。

光绪二年，左宗棠给《答刘克庵》信中说道：

　　　巴里坤、古城近时商贾辐辏，应办厘金以浚饷源，且茶务
　　尤为大宗。北路既平，俄人必请开市，宜先为开办，免致临时
　　多费唇舌。拟调陈芋生还肃，与周子岩前赴巴、古商办，尊意
　　以为可否？

　　　周子岩正派笃实，才非肆应，故须芋生辅之。

　　周崇傅到新疆后，主要负责管理运送军需物资等事宜。左宗棠
在《与崇峻峰方伯》的信中说："周子岩、陈宇生委办巴里坤、古
城厘务，已于前月成行，一因北路饷源日涸，不能不早为之谋，一
则百货自东北来者均无税厘，价值平减。自关内运贩者，厘税稠
叠，成本过重，销售维艰，商情裹足，无以广示招徕。且俄人方议
互市，非及早定章，则议论必费唇舌也。"在当时紧张的军事局势
以及"必费唇舌"不友善的环境下，"道员周崇傅设榷局巴里坤，
招商开市，由是北路略定"[16]。可见周崇傅已成为左宗棠的得力
助手。

2. 光绪四年（1878）任署镇迪道

　　光绪三年（1877）十二月初六日，左宗棠上奏"周崇傅堪以委
署镇迪道遗缺片"：

　　　再，署镇迪道长谦檄委所遗之缺，臣查有督办新疆税厘总
　　局候选道周崇傅，勤慎明干，操履笃诚，堪以委署。

　　周崇傅"勤慎明干""勤朴明练，洞晓机宜"，因此成为左宗棠
的得力干将。光绪三年，左宗棠在《与周子岩》中说："镇迪事匆匆
未及整理，亦缘未得其人故耳。阁下履新后，当可渐次改观。惟多
其察而少其发，务期合天理以顺人心，则事无不办耳。"

　　"周崇傅，光绪四年到任，卸事年月未详。"在任署镇迪道期间，
主要负责屯垦、修浚河渠、清丈地亩、惩治贪官污吏等事宜：

（光绪三年）迪化属境多膏腴，屯垦最为要着。所需经费，上腊已饬加解一万，由新署绥来甘令承谟带解前来，以资拨用，想不致掣肘。

（光绪四年）现在乌鲁木齐地方，有署提督金运昌带马步各营防守，署镇迪道周崇傅、署迪化州知州严金清，兴办屯垦、抚辑事宜，正资得力。

（光绪六年四月十七日）窃维新疆善后事宜，以修浚河渠、建筑城堡、广兴屯垦、清丈地亩、厘正赋税、分设义塾、更定货币数大端为最要……并据前署镇迪道周崇傅、现任镇迪道福裕、委办吐鲁番局务道员雷声远禀报前来。

光绪四年，征收无额。臣（左宗棠）与刘锦棠、张曜、周崇傅函牍相商，仿古中制而更减之，按民间收粮实数十一分而取其一。

（光绪六年）谕旨：南北各城应如何随宜经理之处，即著悉心筹画，次第兴办。比即恭录咨行南北两路在事诸臣，一体钦遵。旋准张曜、刘锦棠咨呈，并据前署镇迪道周崇傅、见任镇迪道福裕、委办吐鲁番局，务道员雷声远禀报前来，以修浚言之，哈密修石城子渠，西厅修大泉东渠，迪化州修永丰、太平二渠。

（光绪六年）此次周子岩禀讦皆得有实迹，自不能不详察并办，以警官邪。希即撤调赴省，详加研究……弟以周子岩正在加意整理，留之数月，于地方有益。

周崇傅靠自己的学识才干，关注民生、严惩贪官等政迹，表现得出类拔萃。光绪四年，先后上奏了《署镇迪道周崇傅详清丈田亩条款及额粮地丁差役办法由》《署镇迪道周崇傅禀俄僧入境由》《署镇迪道周崇傅禀乌垣等处善后事宜并金巡检劣迹及捕蝻诸事由》等奏札，深得左宗棠信任。左宗棠在《答英西林宫保》中说"周子岩已报赴任，干济虽难遽信，然笃诚不苟，则深知之。扶希时加训诲，俾有所成"。"署镇迪道周崇傅勤慎廉干,事必躬亲,渐有明效。需之时日,百堵皆兴"。事实上,翻检左宗棠的奏稿和信札,其办事得力、清廉正直的形象享誉官场。光绪六年,左宗棠在给杨昌浚的信中说"甘省好官,道员以谭敬甫、周子岩为最"。"周子岩清正耐苦,实不易得"。此外,在《周氏重修宗谱》中,有一则谭钟麟、饶应祺等人撰写的《子岩公寿序》,其中提道:"镇迪、高平等处观察使,辅轩所至,一以澄叙官方、整饬纪纲为本,延见长老,问民疾苦,属吏有不法者按劾之。平居布衣蔬食,手一编,终日危坐,晏如也。巡方数祀,所在治平第一。会朝廷诏举贤能大吏备任使,节相左侯,表荐以闻,敕付枢记注擢用,仍宣谕褒美。"

3. 光绪七年(1881)在江苏、浙江整治盐纲

光绪七年十二月二十五日,左宗棠上奏"请调道员王加敏、周崇傅来宁差委折"云:

> 窃维江南地方事繁,洋务、盐务尤关紧要……盐运使衔甘肃尽先补用道周崇傅,品清望峻,刚明耐苦,操守之严,实一时所仅见,洵堪镇浮式靡。如蒙俞允,应请旨敕下陕甘督臣,催令该员等迅速前来,俾资委用。
>
> (光绪八年)内阁左宗棠奏请调员一折:湖南候补道现办陕甘后路粮台王加敏,甘肃尽先补用道周崇傅。
>
> 左宗棠奏:续请调员差委一折:除道员王加敏、周崇傅,业经发往江南差委外,道员王加敏……著吏部查明饬令该员等前赴江南,交左宗棠差遣委用。

光绪七年,周崇傅随左宗棠到江苏、浙江整治盐纲,处盐场腥膻之地而两袖清风,为时人所称颂。据《左宗棠年谱》,光绪八年十月,左宗棠请辞养疾,上疏自陈:"窃臣上年续请病假内仰蒙恩命,出镇两江,莅任至今,力疾经营,未遑朝夕。而病久不愈,近时心

绪昏瞀，动辄遗忘。日间校理官书，阅毕茫然，不复省忆。稍一压搁，积成堆垛。思泉日涸，疏误已多。若不吁请开缺，癃痹实有难安。合无仰恳圣慈，准其开缺，回籍调理，或冀闭门静摄，得以稍延残喘，则有生之日，皆报国之年也。"左宗棠请辞后，周崇傅荣归故里，光绪十三年受聘为蘋洲书院山长，光绪十六年再次被任用。

4. 光绪十七年（1891）任分巡喀什葛尔等处地方兵备道

据光绪十七年春《大清缙绅全书》，光绪十七年周崇傅任喀什葛尔兵备道：

> （请旨）分巡喀什葛尔等处地方兵备道，注疏附县。周崇傅，湖南零陵县人（戊辰）。管理通商事宜，督饬所属水利，屯垦钱粮，刑名诸事，弹压布鲁特，稽查卡伦，冲繁疲难。最要缺：养廉银三千两，公费银七百两。

"他到任后，为沟通天山北麓甲、乙两河，以利农牧业发展，筹集资金，开凿运河，此举被奸臣诬告。此时，李鸿章当政，凡属左宗棠亲属，李鸿章都千方百计予以打击。因此，周崇傅被诏令自省，罢职受刑。他身在边陲，一时有口难言，又秉性刚直，凌辱难当，终于在光绪十八年（1892）蒙冤自尽。"后朝廷查明真相后，下诏平反昭雪，重金抚恤。其子扶柩回原籍，葬于永州市双牌县何家洞乡小斗里大砖头西山之巅。据说该墓地为周崇傅退居故里时所择，并作有诗文描述当地地形："好个芙蓉对紫金，纱帽丢在李家坪。十二凉伞一界走，一对珍珠锁洞门。"墓碑上刻"清授资政大夫二品顶戴特授新疆喀什噶尔兵备道署镇迪化道兼按察使司于严府君之墓"，以及湖南巡抚赵尔巽撰写、刘光前书丹的墓志铭：

> 起儒臣而定边陲，履险阻其如夷。本特达而受主知，冒危疑谤谇而不辞。省国家巨万之赀币，以拯亿兆姓之疮痍。秉原

宪之介节，甘辞禄以归。奉母仪振乡贤之绝学，兼经师与人师。
膺帝命其特简，享年乃不及耄期。乌虖！大雅不作久矣，而其
光明磊落之慨，犹照耀乎山巅水湄。

又有刘锦棠《奏左宗棠功在西陲吁恳宣付史馆折》录挽周崇
傅联：

公真天下奇才，内歼群丑，外慑诸夷，登衡岳以翘观，伤
哉谁继？
我是门生故吏，西出秦关，东随吴会，仰斗山而失望，惨
矣共悲！

十一

翰林侍书严勋

严勋刻石外景

（一）

严勋、沈良臣题刻，在洞外江干，高35厘米，长308厘米，编号第29，是拙岩摩崖石刻中尺幅最长的石刻。其下原有石砌栈道，今毁，石刻皆悬空江上，观察采拓艰难。

石刻自左起至严勋、沈良臣题刻，均有小字密书，惜磨泐严重，不能成句，推测均为沈良臣所作诗章，或即《拙岩集》《纤尘弄影集》的一部分。严勋、沈良臣题刻在最末，楷书7行，共55字，字形较大，故唯独保存完整，但字画已经隐约。

全文迻录如下：

> 1. 奉直大夫尚宝少卿兼
> 2. 翰林经筵侍书
> 3. 文华殿江东严勋大用
> 4. 别号南野
> 5. 芝城隐人沈良臣尧夫
> 6. 别号西庄仝书岩
> 7. 弘治丙辰岁季秋望后五日。

整理标点如下：

> 奉直大夫、尚宝少卿兼翰林经筵、侍书文华殿江东严勋大用，别号南野，芝城隐人沈良臣尧夫，别号西庄，仝书岩。弘治丙辰岁季秋望后五日。

题刻字体端丽，或即出于严勋手笔。

弘治丙辰为弘治九年（1496），此为目前所见拙岩石刻最早纪年。

拙岩洞中又有沈良臣《玉蝴蝶·柬严少卿》石刻，整理标点如下：

柬严少卿

寒夜衡茅静掩，一庭月色，四壁灯光。闲情耿耿，坐中兴味凄凉。江天暮，水寒烟冷，园林景，蔗紫橙黄。感怀伤。天涯人远，遐思茫茫。

番忆。傲山乐水，幽踪散迹，几换星霜。酒醉香烬，雁声嘹亮度消湘。明日溪头风景好，放中流，独泛轻航。笑相望。重过萧寺，共醉斜阳。

右调《玉蝴蝶》

沈西庄

词句中"兴味凄凉"等语，足见作者感念之深。

（二）

严勋，字大用，号南野，工书法。事迹略见于《明宪宗实录》、《明孝宗实录》、明何乔远《名山藏》、清谈迁《国榷》等。

奉直大夫，文散官，官阶从五品。

《明史·职官志一》："文之散阶四十有二……正五品，初授奉议大夫，升授奉政大夫。从五品，初授奉训大夫，升授奉直大夫。"

尚宝少卿，文职官，官阶从五品。

《明史·职官志三》："尚宝司，卿一人，正五品。少卿一人，从五品。司丞三人，正六品。掌宝玺、符牌、印章，而辨其所用。""凡宝之用，必奏请而待发。每大朝会，本司官二员，以宝导驾，俟升座，各置宝于案，立待殿中。礼毕，捧宝分行，至中极殿，置案而出。驾出幸，则奉以从焉。岁终，移钦天监，择日和香物入水，洗宝于皇极门。籍奏一岁用宝之数。凡请宝、用宝、捧宝、随宝、洗宝、缴宝，皆与内官尚宝监俱。"

翰林经筵，谓以翰林官充任为皇帝进讲书史之职。

侍书，掌以六书供侍待诏，又授小内侍书于文华殿东庑。翰林院有侍读学士，有侍书学士。

文华殿，进讲侍书之所。《明史·礼志九》："日讲，御文华穿殿，止用讲读官内阁学士侍班，不用侍仪等官。讲官或四或六。开读初，吉服，五拜三叩首，后常服，一拜三叩首。阁臣同侍于殿内，候帝口宣：'先生来！'同进，叩首，东西立。读者先至御前一揖，至案展书，压金尺，执牙签。读五过，掩书一揖退。先书，次经，次史，进讲如读仪。侍书官侍习书毕，各叩头退。于文华殿赐茶，文华门赐酒饭。"

如吕原和倪谦曾共同给天子讲《诗经·国风》和《书经·尧典》。《明史》载："正统十二年，与侍讲裴纶等十人同选入东阁肄业，直经筵。景泰初，进侍讲，与同官倪谦授小内侍书于文华殿东庑。帝至，命谦讲《国风》。原讲《尧典》，皆称旨。"

明沈德符《万历野获编》专门说到文华殿讲读的重要："文华殿本主上与东宫讲读之所，视唐之延英、宋之集贤，其地最为亲切，非如武英殿为杂流窟穴。以故自永乐以后，辅臣拜大学士者，即华盖、谨身，在正殿之后，皆系衔其间。而文华以偏殿独缺，则地望邃密故也。其中书房入直者，称天子近臣，从事翰墨。如阁臣王文通以永乐甲榜翰林修撰，供事文华殿。宣德年间，沈度已正拜翰林学士，沈粲已官右春坊右庶子，尚结衔文华殿书办。李应桢自乙科入官太仆少卿，其称亦然。"但到正德、嘉靖间，文华殿的地位便逐渐落空。"自正德以后，科目正途，无一人肯屑就者，此官益以日轻。"（《万历野获编》卷九《两殿两房中书》）

严勋正是在这期间供职文华殿的。

（三）

据明嘉靖《宁国县志》记载，有位名为严勋的湖广华容人，在成化二十二年（1486），曾任安徽宁国县儒学训导。嘉靖《宁国县志》卷三《官制类》："历代训导，严勋，湖广华容人，由监生，成化丙午至。"此一严勋不知是否曾至拙岩的严勋?

严勋曾作《夜泊语水》诗,诗云:"一望寒烟渺,扁舟傍大溪。怒涛两岸阔,云树万山齐。风急渔灯暗,霜清雁字低。客途愁不寐,危坐听鸣鸡。"此诗载入光绪《嘉兴府志》卷八十五,似乎严勋曾至浙江嘉兴,与"江东严勋"的署名相符。

明羽士范志敏《鳌峰倡和诗》,载严勋诗一首:"偶上吴山第一峰,石门有路穿玲珑。诗人留句刻琬琰,羽士迎客簪芙蓉。翠微深处堪营屋,疏影一帘窗外竹。抱琴他日再来时,净扫石床云里宿。"署名"江东严勋,太常寺少卿"。鳌峰、吴山在浙江钱塘。此人是曾至拙岩之严勋无疑,其人工诗,于此可见一斑。

严勋入翰林以后,事迹见于《明实录》者,共有 5 处。

《大明宪宗纯皇帝实录》卷一百九十七,成化十五年十一月:"太监李荣传奉圣旨授听:选官袁昇、江怀为鸿胪寺主簿,御用监办事,升光禄寺署正。李景华、陈敩、任杰为尚宝司丞,鸿胪寺序班。李纶,通政司知事。严勋,翰林院侍书……"

《大明宪宗纯皇帝实录》卷二百二十五,成化十八年三月:"太监李荣传奉圣旨:升尚宝司司丞李景华、仁杰为本司卿。陈敩,太常寺少卿。翰林院侍书严勋,尚宝司司丞……"

《大明宪宗纯皇帝实录》卷二百二十九,成化十八年秋七月:"是日,昌又传奉圣旨:升都指挥佥事张玘为都指挥同知,指挥佥事袁林、刘俊、李璇为指挥同知,正千户赵福、董永昌为指挥佥事。太常寺少卿陈敩为卿博士,顾纶为寺丞。尚宝司卿李景华为太常寺少卿,司丞李纶、严勋为尚宝司少卿……"

《大明宪宗纯皇帝实录》卷二百六十二,成化二十一年二月:"己未,吏部奏列传奉升除者,除勋戚功升荫授录用外,通得五百十四人。太常寺卿至博士等官三十六,通政使司及太仆寺卿等官一十八,光禄寺少卿及尚宝司卿等官一十六,太医院使至御医等官五十二,鸿胪寺丞至序班等官百七十九,工部员外郎及礼部司务等官一十九，钦天监司历博士以至冠带天文生六十三，中书舍人二十，冠带食粮儒士一百八，参议县丞主簿各一。皆具其出身履历以闻。于是御笔点阅之，点者留，否者去。其留者：太常寺卿陈敔、赵玉芝，太仆寺卿朱奎，通政使司通政使蒋宗武，左右通政施卿、任杰，太常寺少卿李景华、张苗、顾纶、雷普明，太仆寺少卿李纶，光禄寺少卿干信，尚宝司卿仲兰、杨杞，少卿严勋……"

《大明孝宗敬皇帝实录》卷四，成化二十三年十月："吏部疏上文职传升官，三品该降正六品者四员，通政使任杰、李景华，太常寺卿陈敔，太仆寺卿杨杞，拟各降都司。经历五品降正八品者三员，光禄寺少卿干信，工部郎中朱义，尚宝司少卿严勋……"

以上可知，成化十五年（1479），严勋升任翰林院侍书。十八年，严勋升任尚宝司司丞，同年又升任为尚宝司少卿。此后直到二十三年，严勋都是尚宝司少卿。

值得注意的是，严勋的两次晋升，都是出于"传奉圣旨"。到二十一年，文官大批裁员，仍然出于皇帝的裁决，"点者留，否者去"，这次严勋保留了下来。再到二十三年，严勋的官阶被直降为正八品，所幸官职仍旧保留着。

与严勋有关的这一系列升降，清谈迁《国榷》也有记载。

《国榷》卷三十三，成化十八年三月："传升尚宝司丞李景华、任杰为司卿，陈敔太常寺少卿，严勋尚宝司丞，余各有差。"

《国榷》卷三十四，成化二十一年二月："己未，吏部应诏奏列传奉，除勋戚功升荫授外，通五百十四人。御笔点留六十一人，如太常寺卿陈敔、赵玉芝，太仆寺卿朱奎，通政使蒋宗武，左右通政施钦、任杰、木睿、李景华、张苗、顾伦、雷普明，太仆寺少卿李纶，光禄寺少卿干信，尚宝司卿仲兰、杨杞，少卿严勋……"

《国榷》卷三十五，成化二十三年十月："传升通政使任杰、李景华，太常寺卿陈敔，太仆寺卿杨杞，各降都司经历。光禄少卿干信，工部郎中朱义，尚宝少卿严勋，降外卫知事。余四十七人，降布政司照磨都司及长官司吏目。"

关于成化十八年这批文官的升迁，明何乔远《名山藏》也有记载。《名山藏》卷十六，十八年正月："传奉升尚宝司司丞李景华、任杰为本司卿，陈敩太常寺少卿，翰林院侍书严勋尚宝司司丞……"但是同时，何乔远对于当时的"传奉"做法颇有批评，严厉指出："时传奉盛行，名器愈滥。左右近习，各立门户，恃宠斗胜。而梁芳尤甚，每一传奉，除拜满纸，谢恩私第者相踵，前后毋虑千人。"

梁芳是成化间极其跋扈的宦官，而尚宝司的职守又与宦官充任的尚宝监相连，此时文官升降多与宦官借用皇帝的名义上下其手有关，确是当时政治上的弊病。

严勋事迹可知者仅止如此。

今由摩崖石刻可知，严勋还到过湖南，并且直到弘治九年（1496），仍然担任职尚宝少卿。

严勋与沈良臣关系亲切，是沈良臣敬重的宾客。但是，严勋与沈良臣是如何相识的？严勋何以远至湖南，更来到偏僻的零陵？就目前所见文献，仍然无由解释。

照说，严勋与沈良臣的差异悬殊。沈良臣只是一介布衣，从他出仕的弟弟沈良佐来看，只是一位乡贤。严勋则仕于朝廷，官居从三品。特别是尚宝司的官职特点，是"其职至迩，其事至重"（《明史·职官志三》），直接面对皇帝、太子、诸王、内侍，禁忌与民间来往。这也是严勋的诗文、书法作品未结成集、罕见流传的原因。由此而言，严勋来到拙岩，是十分特殊的举动。

推测严勋来到湖南的原因，可能是途经。而他专程造访拙岩的原因，可能是由于沈良佐的介绍。不过沈良佐是弘治五年的举人，正德三年（1508）的进士，当时还没有官居广西左参政、官阶从三品。

（四）

严勋曾经回乡省亲。

明程敏政《篁墩文集》卷七十七有《和严大用尚宝归省诗韵》七言律诗二首，全文云：

> 老木清溪旧业存，天涯相望几寒温。
> 南归暂奉三牲养，北拱难忘一饮恩。
> 马首溯风登驿路，鹊声传喜到家门。
> 行边已报春光动，入眼桃花远近村。
>
> 椿翁同行几人存，莲社诗盟可重温。
> 傺直久劳千里梦，归宁新沐九重恩。
> 游尘不染金陵道，佳气长浮白下门。
> 知有凤池高咏在，不须重数莫愁村。

严勋的原诗不见，程敏政的和韵已称难得。可惜由诗句仍然看不出严勋的具体籍贯。

程敏政，字克勤，安徽休宁人。其父程信，官终南京兵部尚书。《明史·文苑传·程敏政传》："十岁侍父官四川，巡抚罗绮以神童荐。英宗召试，悦之，诏读书翰林院，给廪馔。学士李贤、彭时咸爱重之，贤以女妻焉。成化二年进士及第，授编修，历左谕德，直讲东宫。翰林中，学问该博称敏政，文章古雅称李东阳，性行真纯称陈音，各为一时冠。孝宗嗣位，以宫僚恩擢少詹事兼侍讲学士，直经筵。敏政名臣子，才高负文学，常俯视侪偶，颇为人所疾。弘治元年冬，御史王嵩等以雨灾劾敏政，因勒致仕。五年起官，寻改太常卿兼侍读学士，掌院事。进礼部右侍郎，专典内阁诰敕。"

程敏政出身翰林院，侍讲经筵，与严勋为同事，因此二人相识。但他性格自负，因而"为人所疾"。加以当时宦官专权，政局日下，程敏政终于冤屈致死。

《明史·文苑传·程敏政传》："（成化）十二年，与李东阳主会试，举人徐经、唐寅预作文，与试题合。给事中华昶劾敏政鬻题。时榜未发，诏敏政毋阅卷，其所录者令东阳会同考官覆校。二人卷皆不在所取中，东阳以闻，言者犹不已。敏政、昶、经、寅俱下狱，坐经尝赍见敏政，寅尝从敏政乞文，黜为吏，敏政勒致仕，而昶以言事不实调南太仆主簿。敏政出狱愤恚，发痈卒。"

沈良臣《玉蝴蝶·柬严少卿》与刻于正德七年壬申（1512）的《拙岩记》大约同时，表明此时严勋仍然在世。和程敏政相比，严勋也可谓是幸运了。

十二

得道仙人蒋鳌

拙隐于世

（一）

拙岩石刻编号第 19 为蒋鳌诗刻《次拙岩韵》，全文如下：

> 治剧非真拙，分明摆脱尘。
> 每哦周子赋，觉爽自家神。
> 鸠养心中慧，珍收天下春。
> 何时破机事，许我构西邻。

蒋　鳌

诗为五言律。无题，刻于陈衮《次拙岩韵》后，可知为同题同时所作，故补题。据诗韵，可知为唱和沈良臣《拙岩成偶书》。

蒋鳌，字汝济，号湘崖，零陵人。明正德八年癸酉（1513）举人。撰《湘崖集》，已佚。拙岩诗刻《次拙岩韵》是目前已知蒋鳌唯一流传至今的诗作。（另有一首"自吟诗"，未必正式收入诗文集中，详下文。）

笔者先前以为这是蒋鳌唯一流传至今的书法真迹（参见张京华、侯永慧《永州阳明山与南渭王》），但鉴于拙岩石刻的字体大多相同，可能由专人抄写上石，因此是否为蒋鳌真迹尚不确定。

（二）

清康熙《零陵县志》卷十四《著述》著录明代撰有诗文集的邑人共计 19 人。这些诗文集或已刊刻，或未刊刻，当时都还存世。

其书目著录如下：

1. 朱衮《白房集》六卷
2. 蒋鳌《湘崖集》四卷
3. 吕藿《巢云阁集》
4. 陈东《南塘类稿》六册
5. 陈泮《仿苏文集》

6. 蒋春生《东川稿》

7. 刘鹤龄《西山集》

8. 张师古《淡如居士集》

9. 蒋复春《青毡集》《浮云集》

10. 鲁魁《寄寄集》

11. 杨二仪《寓寓吟》

12. 蒋向荣《药房集》

13. 蒋如桂《静一集》

14. 王崇德《亦山文集》

15. 杨焕嘉《明洲山人集》

16. 黄甲《连山集》二卷

17. 陈才俊《琢玉斋集》

18. 易三接《暇斋集》

19. 彭文烛《薑园集》

光绪《零陵县志》卷十三《艺文》著录明代撰有诗文集的邑人共计 30 人。但是，这些诗文集只是访求书目，原刻本或原抄本大部分都已无存。

如沈良臣《拙岩集》，道光《永州府志·艺文》"《拙岩集》，明零陵沈尧夫撰。（《湘崖集》）"是据蒋鳌《湘崖集》著录的，所以著录的是蒋鳌所尊称的沈良臣之字，而失其本名。光绪《零陵县志·艺文》"明沈尧夫《拙岩集》。（《湘崖集》）"却是据道光《永州府志》抄录书名，其实连蒋鳌《湘崖集》已经未见。其书著录"明蒋鳌《湘崖集》四卷、《证道歌》"一条，也是抄录自道光《永州府志》，却排序在"国朝叶向时《典珠贯数》五卷"与"隋杨温《零陵赋》"之间，故此处只得列在朱衮《白房集》之上。

其书目著录如下：

1. 蒋鳌《湘崖集》四卷

2. 朱衮《白房集》

3. 吴宗伋《秋潭诗钞》

4. 沈尧夫《拙岩集》

5. 陈东《南塘类稿》

6. 吕蘧《巢云阁集》

7. 王崇德《亦山文集》《诗文漫稿》

8. 鲁魁《寄寄轩文集》

9. 张大夏《燕蜀吟草》

10. 蒋玮龙《南诗文集》四卷

11. 蒋春生《东川稿》

12. 黄甲《连山集》二卷

13. 杨一第《两岩集》

14. 杨二仪《寓寓吟》

15. 蒋如桂《静一轩诗略》

16. 杨焕嘉《明洲山人集》

17. 邓一桂《时芬诗文集》

18. 鲁光缙《澹宁斋集》

19. 蒋复春《青毡集》《浮云集》

20. 蒋向荣《药房集》

21. 刘鹤龄《西山集爱集》

22. 张师古《淡如居山集》

23. 谢蕃元《石兰诗稿》

24. 陈桢《水云窝集》

25. 唐虞一《稚纯遗草》

26. 陈三绩《崟山集》四十九卷

27. 易三接《暇斋咏古诗》

28. 彭文烛《薑园集》

29. 陈才俊《琢玉斋集》

30. 蒋又滋《拙余文集》

时至今日，这些诗文集更是基本上全数绝迹（朱衮《白房集》尚存孤本及残本，参见李花蕾《朱衮及其〈白房集〉》）。

实际上，在宗绩辰编纂道光《永州府志》时，有些诗文集已经看不见了。由以上书目著录沿革可见，一方面明代邑人的诗文创作异常活跃，另一方面，由其严重的散佚更可见存世孤本的珍贵。

清光绪《零陵县志》是在光绪二年（1876）刊刻的（嵇有庆序作于光绪二年）。署名黄文琛、张修府倡修（两人先后任永州知府），徐保龄、嵇有庆主修（两人先后任零陵知县），刘沛纂修（恩贡生），唐九龄等49人分修。其中黄文琛、嵇有庆、唐九龄3人在同治九年已经游历了拙岩。可惜除了援引宗绩辰的记载，只增录了《拙岩成偶书》一首，同时又误将拙庵沈庆一首澹岩诗"仙岩真福地"为拙岩诗，而对于拙岩、《拙岩集》沈良臣乃至唐九龄的重修未置一词。

（三）

蒋鏊《湘崖集》，又称《湘崖文集》。

其书首先见于明隆庆《永州府志》的著录："《湘崖文集》四册，国朝零陵蒋鏊撰。"

又见于清康熙九年（1670）《永州府志》，增加一种《证道歌》。卷十六《人物志》："所著有《湘崖文集》四卷。"卷二十四《仙释》："先生著有《证道歌》及《湘崖文集》传于世。"

又见于清康熙二十三年《零陵县志》的著录。卷九《人物考》："所著有《湘崖文集》四卷。"卷十四《仙释》："先生著有《证道歌》及《湘崖文集》传于世。"卷十四《著述》："《湘崖集》四卷，蒋鏊撰。"

又见于清道光《永州府志》，著录为："《湘崖集》四卷、《证道歌》，明零陵蒋鏊撰。"依据为王元弼《零陵著述目录》。又云："先生著有《证道歌》及《湘崖文集》传于世。"

光绪《零陵县志》续有著录："明蒋鏊《湘崖集》四卷、《证道歌》。"又云"所著有《湘崖文集》四卷","先生著有《证道歌》及《湘崖文集》传于世",沿袭前志而已。

蒋鏊见于记载,主要由于其隐逸的甚至是仙人的色彩。但蒋鏊由举人出身,其思想主体应当仍然是儒家的。由《次拙岩韵》诗中"周子赋"一语,也可以看出蒋鏊谙熟周敦颐《拙赋》,仰慕这位宋代儒家宗主,同时又具有道家隐逸之情。

蒋鏊的传记,始见于明隆庆《永州府志》卷十四《人物列传》:"蒋鏊,字汝济,零陵人。举人,任广东教谕。究心道学。尝承当道委,毁淫祠,一无所容。寻升扶沟县令,有冰蘗声。家居贫甚,吟咏自娱。所著有《湘崖文集》四卷。尤精玄学,以寿终。"

其后至清雍正《湖广通志》卷一百十九《杂纪》:"蒋釜,字湘崖,零陵人。正德癸酉举人,出宰扶沟,以清洁著。常遇异人,授以奇术,遂挈妻偕隐,结庐山中,曰'寄寄窝'。修炼数年,遍游名山,多在天台、雁宕间。晚归贫甚,值除夕,不能具朝餔,乃自吟曰:'柴米油盐酱醋茶,七般俱在别人家。唯有老夫无计策,开窗独坐看梅花。'忽假寐出神,语友人王孙菊陂以窘故,王孙乃备物送之,方及门而釜始寤,其奇幻多类此。死之日,有乡人过于道,授以钥,寄其家。家人骇之,举棺甚轻,盖尸解云。"(据文渊阁《四库全书》本。"蒋釜"误,当作"蒋鏊"。)

但到清康熙九年《永州府志》,蒋鏊在同一府志中出现了两种传记。

卷十六《人物志·名贤列传》:"蒋鏊,字汝济,号湘崖。正德癸酉乡荐,任广东教谕。潜心理学。当道委毁淫祠,一无所假。升扶沟令,有冰蘗声。家贫甚,吟咏自娱。所著有《湘崖文集》四卷。"

卷二十四《外志·仙释》:"蒋鏊,号湘崖。正德癸酉乡荐。尝出宰扶沟,以清洁著闻。致政归,得遇异人,授以服食之术。弃家,构一椽于山中,曰'寄寄巢',修炼数年,遂游名山。尝在天台、雁岩间。山阴徐淮,文长兄也,好辟谷,乃师事之,文长曾记之以诗。

先生归而贫甚，饮食常不给，意泊如也。其妻偕隐，亦能安贫。除夕，不能具朝餔，笑谓先生曰：'岁云暮矣。'先生不应，作诗示之曰：'柴米油盐酱醋茶，七般俱在别人家。唯有老夫无计策，开窗独坐看梅花。'遂假寐。王孙菊坡者，与先生友，每见先生进谒，谈及于此，乃备物送之，至其家，先生始寤。其幻迹多如此。如是者数十年而先生死。死之日，道逢乡人，授以钥，寄其家。家人骇之，举其棺，轻甚，盖尸解云。后数年，又有人遇之于蜀峨眉山中。先生著有《证道歌》及《湘崖文集》传于世。"

此后，蒋鳌传记又见于康熙《零陵县志》、道光《永州府志》、光绪《零陵县志》等。光绪《零陵县志》沿袭康熙九年《永州府志》的两传。

由此蒋鳌便留下两重身份：一为儒家、举人、河南扶沟县令；一为道家、方外、神仙。

（四）

蒋鳌的交友，首先有徐淮、徐渭兄弟，其次有南渭王孙朱菊坡，以及邑人朱衮。

关于蒋鳌与徐淮、徐渭兄弟二人的交往，又见于徐渭《徐文长文集》卷二十七《伯兄墓志铭》："兄讳淮，字文东，号鹤石山人。渭父之长男，先嫡母童宜人所出也……死嘉靖某年月日，年五十四。死之前一月，犹与故扶沟知县零陵蒋先生者铸鼎稽山中。蒋一往东阳，及再来，而哭兄于寝矣。"

徐渭，字文长，山阴人。10余岁仿扬雄《解嘲》作《释毁》。为诸生，有盛名。知兵，好奇计。天才超轶，诗文绝出伦辈。善草书，工写花草竹石。尝自言："吾书第一，诗次之，文次之，画又次之。"《明史·文苑传》有传。

康熙九年《永州府志》卷二十二《艺文志》载徐渭《扶沟令蒋公诗（有序）》全文。此诗见于《徐文长文集》卷四，题为《蒋扶沟公诗（并序）》。全文如下：

零陵蒋先生者，迅鹍鹏之退翮，秉龙蛇之屈伸。尝欲顶摩清天，手弄白日，不着上下，以栖浑元。早岁研精孔孟，含藉六经，故说有谈空，不诡正道。昔出宰扶沟，晚节薄游四方，挂冠拂衣，如沤在海。虽随光扬波于上代，鲁连高蹈于海滨，御寇埋名于郑圃，先生放纵于吾越，可谓闭户造车，出门合辙者矣。渭伯兄准，恬淡厌俗，弱龄访道，垂五十春，玄室冥奥，未睹宫墙。遭先生溯舟闽越，放于山阴，邂逅天缘，值诸行道。顾盼之间，疑谓异人，遂数语浹襟，悬榻弥月，过蒙收畜，列诸仆御之徒。既而先生鸿迹远旷，再渡钱塘，期许后来，意得执鞭长侍。岂谓造物苛猛，未更寒暄，伯已化为异物。乌乎！陵海尚变，人寿几何？金丹未成，玉颜何驻？渭每念此，辄为寒心。先生哲人，胡以导指南向耶！顷者又将游湘江，并九嶷，直指芝田。家门一入，渭于斯际，能不依依！夫兄所师表，弟胡不尔？恐尘凡之姿，仙圣所拒。嗟哉！死者已矣，生人去焉。存亡惕心，永以为好。异日吸沅澧之精景，陟壶峤之福庭，飞九还之丹火，骑八极之游气，则天凡殊途，相见无由。缅怀伯氏，重以离衷，因献五言。

> 伯氏颇好道，终岁事修服。
>
> 道上逢异人，髭须洒林竹。
>
> 修礼重致问，德音美如玉。
>
> 扣之转微茫，蟪蛄游广漠。
>
> 冀得长奉侍，双飞向王屋。
>
> 人命安可期，天犹冱寒燠。
>
> 念别正徂暑，墓草已更绿。
>
> 瀼瀼田中霜，亭亭风际木。
>
> 逢师苦不早，炼撮总成哭。

明代南渭王建府永州零陵，共传四代，即荣顺王朱音㙇、怀简王朱膺铖、安和王朱彦滨、庄顺王朱誉橎。其中安和王朱彦滨别号

"阳和道人",今零陵朝阳岩尚存其"聚胜"榜书石刻。

朱彦滨"聚胜"榜书石刻

蒋鏊与朱彦滨及其孙朱菊坡共同参与了阳明山的命名和万寿寺的创建。

清道光《永州府志》卷十五《名胜志·零陵》:"零陵之东,春陵以西北,其距县皆百里,有山最高,属乎黄溪之尾。朝阳甫出而山已明者,阳明山也。有银沙十里,鸟道盘折,上与云齐,多石少土,山根郁露。其麓险绝,几疑无路。及登峰顶,左衡右疑,极目千里,身在云际,超然出尘。明嘉靖中,僧秀峰居之。秀峰没,其身不坏,人遂为建寺,远近礼祝。"

蒋鏊与僧秀峰、朱彦滨、朱菊坡交好。《阳明山祖爷岩志·峰祖师行录》:"是时明藩南渭王居永州,其孙菊坡与零陵蒋湘崖志同好道……菊坡、湘崖等久慕师之高风,生前未晤,深以为憾。嘉靖三十一年壬子八月中秋,及期偕至阳和山,启关谛视,宛然如生……菊坡闻之南渭王,遂崇其号曰七祖。"

光绪刊本《阳明山祖爷岩志》

　　除了共建阳明山，蒋鳌还曾出入南渭王府，参与了对越亭的建设。

　　"对越"语出《诗经·周颂·清庙》"对越在天，骏奔走在庙"，故后世用为祭祀先祖之语。当时安和王朱彦滨夫妇已故，蒋鳌作此文，乃是出于朱菊坡的邀请，而对越亭正是为了追念对朱彦滨的孝思而建。

　　明隆庆《永州府志》卷八《创设上》："掌府事镇国将军府内有对越亭，邑人蒋鳌记略曰……"这篇节录的《对越亭记》，是迄今所见蒋鳌的唯一一篇文章。

　　蒋鳌《对越亭记》云：

> 　　亭以"对越"名，纪孝行也。亭在吾永郡城之内，王宫之后，拔万玉山之巅，出迎仙馆之右，为怀简王之所建置，镇国将军菊坡所修饬而独有者。群玉山为安和王妃陵寝，王三子皆纯孝天至，居丧营圹，菊坡尤任其劳。顷者读《礼》之余，延湘崖子鳌于迎仙馆，相与讲学谈道，凡居处饮食，鲜不与偕，第至此亭，则肃然改容，西向独立。盖其神爽飞越，游于龙卧之区，而大江之西，愚溪之南，一时殆遍历也。其贞纯一念，若婴孺眷眷于乳哺之怀，有弗能以顷刻释者，岂必有待于对越而后然也！姑即其所常见，以表其所未见者尔。谓菊坡子为至孝，其谁曰不然？独惜夫此山此亭，围于灵圃，为菊坡子力行独到之地，有能启松扃以搜竹径，蹑风礳以入云端，履其对越之亭，而引睇王灵之上，则身出半空，高风激人，岂有读令伯《陈情》而涕泗不作，闻韩娥之悲叹而哀乐异情者耶？观夫巢林之鸟，每至旦暮，亦往朝谒，岁以为常，此亦纯孝之征也。予故隐括其事，以备观风者采云。

　　蒋鳌亦与朱衮交好。朱衮卒及朱衮之子朱缙卒，都由蒋鳌撰写墓志铭。

　　朱衮，字子文，号石北山人，明湖广都司永州卫人。生于成化年间，卒于嘉靖中。弘治十五年（1502）进士，曾在南京、云南等地做官，居官刚直，风采凛然。所著《白房集》全书分上下两部，上部三卷，题名《白房杂兴》，内容以诗词为主。下部四卷，前三卷题名《白房杂述》，包括序文、游记、墓志铭等，后一卷题名《白房续集备遗》，以评史论书为主。书首有万历壬午（十年，1582）吕霍序。

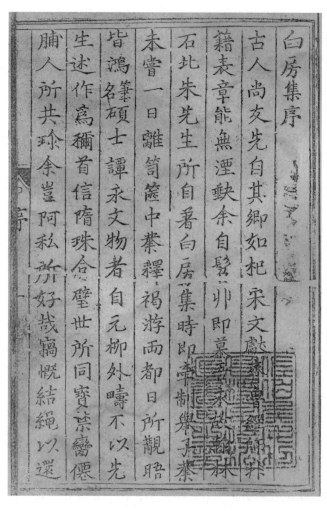

孤本《白房集》，明万历十年刊

从《白房集》中大量的送别诗、贺寿诗及唱和之作可以看出，朱衮交游广泛，与当时来往永州境内的文人仕宦均有情谊。其中两首诗作，是写给蒋鏊的。

第一首《招隐篇》云：

> 子自湘之崖，我卧湘之壁。
> 子来叩我壁，壁上日初出。
> 何处木丁丁，檐云自出入。
> 潦倒七茶瓯，月轮挂屋极。
> 谭屑出未穷，义辄三五逸。
> 子道方中行，我心已免役。
> 终坐嗟临岐，归驾还当亟。
> 坐颇云片多，子来分一席。

诗末有跋云："感湘崖子汝济甫见访，为作《招隐篇》陋词，漫寄一笑耳。"

第二首《湘崖幽居次韵》云：

> 大隐周流不住山，寻常小隐亦人间。
> 归来茅屋还依旧，老去风光须尽欢。
> 池草可怜春雨后，海鸥那得弋人弹。
> 双塘潋滟荷花发，且与南邻一笑看。

十三

官职诗名两俱好
——黄文琛的政绩与诗名

黄文琛、嵇有庆记事石刻

（一）

拙岩《唐昭铣题记》载"太守汉阳黄公海华"同游。

黄文琛，字鲁来，号海华，晚号瓮叟，湖北汉阳人。道光五年乙酉科（1825）举人，历官国子监助教、湖南候补知府、常德府同知、宝庆府同知、永州府同知、永顺府知府、衡州府知府、永州府知府，官终湖南衡永道。著有《思贻堂诗集》《思贻堂续存》《思贻堂诗第三集》《思贻堂书简》《永州集》《后永州集》《玩云室诗集》。

黄文琛历官条列如下：

1. 举人

《湖北乡试朱卷》道光乙酉科载："中式第二十五名举人黄文琛，字鲁来，号海华，一字南航，行二，年二十一岁，汉阳府汉阳县学附生，凤栖里民籍。"

黄文琛为黄宗羲后人。其家湖北汉阳，当自浙江余姚迁入。李元度《黄海华观察七十寿序》："海华先生承梨洲征君家学。"

2. 国子监助教

清道光二十三年春《大清缙绅全书》国子监衙门："广业堂助教加一级黄文琛，湖北汉阳人，举人。"

《清宣宗成皇帝实录》卷三百八十九，道光二十三年二月："国子监助教法克精阿、黄文琛，鸿胪寺鸣赞文弼，俱着交部，照例以应升之缺升用。"

李元度《黄海华观察七十寿序》："弱冠登贤书为国子师。"

3. 湖南候补知府

清道光二十三年冬《大清缙绅全书》拣发湖南同知一员："同知黄文琛，湖北汉阳人，举人。"

《清穆宗毅皇帝实录》卷十四，咸丰十一年十二月："以湖南清厘各属交代出力，予知府黄文琛等升叙有差。"

李元度《黄海华观察七十寿序》："最后以郡丞筮仕湖南。"

4. 常德府同知

在道光二十四年。

黄文琛《思贻堂诗集》卷七甲辰（道光二十四年）载《抵常德》，卷九丙午（道光二十六年）载《三月二十八日》，题注："卸常德郡丞事。"

李元度《黄海华观察七十寿序》："权常德同知。"

5. 宝庆府同知

清道光二十八年冬《大清缙绅全书》宝庆府："同知黄文琛，湖北汉阳人，举人，二十七年九月补。"

清道光三十年秋《大清缙绅全书》宝庆府："理瑶同知黄文琛，湖北汉阳人，举人，二十八年正月升。"

清咸丰四年（1854）春《大清缙绅全书》宝庆府："理瑶同知黄文琛，湖北汉阳人，举人，二十七年九月补。"

道光《宝庆府志》姓氏，同修："宝庆府理瑶同知黄文琛。"

黄文琛《思贻堂续存》卷一《邵州集》，"自辛亥至癸丑二月"，即咸丰元年至三年。

咸丰元年彭洋中《思贻堂诗集序》："今夏四月，权守宝庆。"

李元度《黄海华观察七十寿序》："补宝庆。"

6. 永州府同知

黄文琛《思贻堂续存》卷二、卷三《永州集》，"自癸丑三月至乙卯"，"自丙辰之戊午四月"，即咸丰三年至八年。《丙辰元日》后有《……于是权守永州已三年矣……》一首，丙辰即咸丰六年。

李元度《黄海华观察七十寿序》："其守永州也……在官五年。"

7. 永顺府知府

清咸丰九年春《大清缙绅全书》永顺府："知府黄文琛，湖北汉阳人，举人。六年要同知驻，三月补缺。"

清咸丰十年春《大清缙绅全书》永顺府："知府加一级黄文琛，

湖北汉阳人，举人。六年要同知驻，三月补缺。"

同治《永顺府志》卷七《秩官续编·永顺府知府》："黄文琛，湖北汉阳县，举人。咸丰九年任，旋卸事，同治五年署理。"（"同治五年"疑误。）

黄文琛《思贻堂续存》卷五《溪州集》，注明"己未"，即咸丰九年。集中第一首题为《抵永顺》。

8. 衡州府知府

黄文琛《思贻堂续存》卷八《湘东集》，"自壬戌十月至癸亥四月"，即同治元年至二年。

9. 永州府知府

黄文琛《思贻堂诗第三集》同治七年自序："今年春季复来代永。"

10. 官终湖南衡永道

张培仁《静娱亭笔记》卷五《黄观察论天主教》："汉阳黄海华观察文琛，署衡永道。"

光绪二年（1876）刊《零陵县志》续修姓氏·倡修："湖南候补道、永州府知府黄文琛。"

（二）

黄文琛的传记，重要的有如下两篇。

其一，清李元度《国朝先正事略补编》卷二《黄文琛传》云：

> 黄文琛，字海华，湖北汉阳人。由举人官国子监助教，改宝庆府同知，升永顺府知府。署永州、宝庆、衡州知府，皆有声。永州邻广西，咸丰时洪秀全据江宁，广西贼恒欲东下，文琛练民兵拒之，卒不得下。宝庆人邹汉以事为知县所系，文琛遗役持束，备肩舁诣狱迎邹先生。明日，即劾知县，出汉勋罪。

衡州民毁教堂，教士诉官，必杀民偿屋。文琛坐堂皇列甲卒见之，曰："失火延烧，无杀人理，远来失居，官当汝恤，若必欲寻衅败盟，即先斩汝。所胁巡抚杀我，六十老翁，何吝一死！"教士气沮，即乞五百缗去。巡抚闻之惧，急遣人代文琛，教士转骄，得餍其意。永顺俗多讼，初至诉者日数十人，文琛口讯手判，竟日而毕。尤诬妄者，笞逐之。弥月后，数日乃一人。性强敏，文簿有字者，莫不亲览。天未明，即起治事。朝食后，静坐读书，或赋诗，芟理花竹。人怪其闲，而卒无废事。文琛博究经史，尤习知先朝掌故，当世利病。卒以刚介，不竟其用，知者惜之。著有《思贻堂诗集》。

民国天台野叟《大清见闻录》中卷《名人逸事》载录，题为《黄文琛之强敏》。

其二，清李元度《天岳山馆文钞》卷三十二《黄海华观察七十寿序》云：

古道之不行于今也久矣。古之人质厚，今则浮嚣，古之人刚毅，今则柔靡，是人不古若也。古之立言者，道弸于中而襮之以艺，今则鞶悦而已，虚车而已，是文不古若也。古之学者为己，今则为人，古之仕者为人，今则为己，是学与政不古若也。然则当吾世而有力敦古，处者不必嘐嘐自异，独能心追古人而从之，得非难能可贵者乎？有其人矣，而笃古者必戾乎俗，甚或不见容于时，而其人卒能获上信友以得民，非尤难之难者乎？海华先生承梨洲征君家学，弱冠登贤书为国子师，最后以郡丞筮仕湖南，权常德同知，补宝庆。道光之季，新宁民李沅发作乱，总督裕庄恪公讨平之，先生预帷幄，多所赞画。擢知宝庆府，时粤寇渐棘，先生筑城浚隍，积粟缮守备，后数年，伪翼王石达开率党十数万来攻，迄不得逞以去，先生经始力也，郡人葺生祠祀之。其守永州也，地当楚粤冲，贼往来如织，先生内修外攘，吏民倚以为安，在官五年，贼卒不敢犯永。会武冈、新宁两牧令妄以东安民变闻，大府将勒兵剿，先生察其诬，牍数上，保以百口，卒无事，永人祠祀先生如在宝庆时。同治戊辰，先生再守永州，宁远有械斗，狱毙十六人，先生按律治之，无枉纵。上官欲改从重，比谳至，数年未已，乃知先生所定为不可易也。军兴以来，豪俊之士乘时会，立功膺节钺茅土者相望，先生从事其间，屡典剧郡，却勍寇，晋秩监司，而古道自将，顾犹浮沉簿领间，真儒之效几不白于当世。或疑古之道无所用于今，某窃以谓不然。所贵以古人自期者，求无愧于神明而已，讵以所施之广狭为加损哉？先生质厚刚毅，子若孙并能传其学。伯兄宝田孝廉早世，抚兄子成立，为循吏有声。两从孙同岁举拔萃优行科，可谓道行于家矣。所著《思贻堂诗》，古文卓然成一家言。而其施于政事者，又上下交孚若是。然则先生道未尝贬，志未尝不行也。凡谓古道不行于今日者，岂惟薄视今之人，抑其自待者薄欤？月之某日，为先生七十生辰，敬举先生立身立言，及其政与学之抗心希古者，昌言之，以侑康爵。世有知言者，其必曰"我思古人，实获我心"哉！

两文均出于李元度之笔，足以互相参补。

（三）

黄文琛在永州的惠政，当日最为称道的是咸丰初年，他第一次任职永州，防范严密，使得永州城免于被太平军攻陷的损失，"在官五年，贼卒不敢犯永"。

其次，可以列举出两件事例，说明他的政绩所在。

一件事是永州城西门平政桥的修复。

光绪《零陵县志》卷二《建置·桥》："平政桥，在大西门外，即古黄叶渡……同治八年，知府黄文琛重修船筏，并以桥工余钱一千缗发商生息，岁取一百一十千子钱为缮补费。"

这是一件具有实际意义的利民之举。当时参与修复平政桥的还有零陵知县嵇有庆，而协助修建的则有永善堂，赵旸谷也名列其中（参见《嵇有庆零陵惠政考》）。

一件事是对明代忠臣王兆熊之墓的修复。

王兆熊殉明事迹，明陈燕翼《思文大纪》卷一有简述，云："王兆熊，字念葛，福宁州人。岁贡，任浦城训导。监国入关，即为扈从，后出使温台。上称其'真忠如金石，真清如冰玉'。""上"一作"监国"，即南明弘光帝。这段文字又见清南沙三余氏《南明野史》、佚名《明末纪事补遗》卷三。

清查继佐对王兆熊事迹，也有搜罗，但对其死事却有所不知。《罪惟录》列传卷二十一："王兆熊，建宁人。为浦城学谕，笃行好古。尝读郑所南《心史》，涕泣盈把。甲申闻国变，号不食者数日。其门人潘达为跪进饮食，不死。遂鬻其所藏书，得三十金，给妻孥，诀曰：'若以此归舍，譬兆熊此日死。'衰绖出门，北逾岭。每至城市人烟处，便下拜呼曰：'若祖父衣食何家！天子死社稷，胡不起！'条金陵八事，格不得上。依史阁部扬州，史曰：'公此心无所用矣，奈何！'为对泣。卒缟素不茹荤。史后殉国，兆熊不知所终。"

前后参与其事的还有知府黄文琛、知县陈三恪、零陵贡生雷辉郢等多人。详见《嵇有庆零陵惠政考》。

这是一个表明宗旨、推动教化的义举。

（四）

此外，黄文琛在衡州判理洋教案纠纷的事例，常为学者论及，也值得一述。

清张培仁《静娱亭笔记》卷五《黄观察论天主教》写道：

> 汉阳黄海华观察文琛，署衡永道。时衡州士民焚毁天主教堂，教士诉于京师，下巡抚檄道穷治。教士随至，气甚张。海华坐堂上，列甲士见之。士民圜视而诉者至数万人。海华因告

教士以众怒难犯，教士惧而退。海华乃牒其状于巡抚曰：

敬禀者，案奉宪台札，开照得湘潭衡州焚烧天主堂一案。前将各该县奏参摘顶勒限赔修，现据湘潭县禀报，业已赔修完竣矣。而衡、清两县尚未据报兴工，行令职道严饬，赶紧查明禀复等因。奉此。遵查此案职道甫经到任，即据衡、清两县士民夏士培等，以异类恣横，公恳驱逐，联名具禀，叙述详明，情词激切。当经职道谕以圣朝宽大，柔远怀来，凡属臣民，宜体先皇帝戢武安民之意，恪遵和约，不必遇事深求。录批榜示。旋据教民李以精、郭进德等具呈，邀请修复。又经职道饬传到案，晓以利害，切实开导该教民等，均各俯首无词。随闻该教自行集费，在于原毁之地，动土兴修，所需工料，亦属无多，现已将次完竣，而土民并无过问者，似觉民气已和，彼此相安于无事。

前奉檄饬赔修，职道审度情形，实有难于遵办之处，不得不就管见所及，缕晰陈之。伏查该教自例禁一弛，不肖之徒群相附和，而向之习其教者皆倚为护符，肆无顾忌，此间士民受害最酷，无不切齿痛恨。本年四月，遂乘考试，聚众焚毁教堂，人逾数万，势甚汹汹，几至酿成巨祸。一旦官予赔修，则教民愈骄，百姓愈愤，势不两立，必致激成事端。窃恐今日官修，明日民毁，一经横决，收拾为难。当此时局艰难，边衅既不可开，人心更不可失。职道为顾全中外大局起见，理合抄录原呈禀，赍呈览。

衡人禀词云：呈为异类恣横，人道沦胥，吁恳驱禁，以除乱本事。窃维天主教者，肇自明季。西洋人利马窦、汤若望等，先后阑入中国，浸淫而各省有天主堂。我朝革故鼎新，毁其书，凡传教习教者，皆罪所不赦。何图夷人久沐圣朝无外之化，得互市之利，犹复包藏祸心，传教植党。发逆因之，假天主教名号，揭竿而起，流毒半天下。至庚申八月之变，普天同愤，而彼教无天、无圣、无祖宗、无父母，乃至无人道矣。天一而已，以主宰言则曰上帝。彼教变其名曰天主，妄作妖书，诋毁孔子。

凡入教必斧其祖宗木主，称父为老兄，母为老姊，败理蔑伦，一至于此。君子之道，造端夫妇，风化所关，莫先于此。乃彼教既招引其夫，必牵诱其妇，受以媚药，诳为仙丹，使其欲火中烧，得就淫媟，一经交接，则本妇视其夫即生厌恶。且生女不嫁，留侍教主。天地之中，生人为贵，乃彼教蛊迷从教妇女，共器而浴，探讨阴窍，以取血髓。吸取幼童之脑，女之心。教民将死，必有教主到家，屏退其家中侍疾之人，剜目剖心，为外洋伪银之用，随以缯布束尸，促入棺殓。其伤天背理，一至于此。设使彼教终得行于中华，则数千年衣冠礼义之邦，皆将化为裸虫之类，以供其采割，岂不大可痛哉！而圣朝宽大，勉就和约，以致法禁稍弛。教主之来，昔以微服，今则舆马矣。传教礼拜，昔在乡曲，今在城市矣。勾引之徒，昔皆细民，今间有士人矣。凡平人入其教者，予银十两，生监以上，予以如援例报捐之数。教民之在别省者，不得尽知，而在我衡州，则怪怪奇奇，难以悉数。姑举其昭彰在人耳目者言之。

军兴以来，筹饷捐输，虽僧道流寓，莫不踊跃奉公，而教民则一毛不拔。素行不法之张道荣，案发收系，一投彼教，即有夷目来为扛护，官府即释不敢问。更可骇者，去年春间颁行和约之后，教门男女群聚于天主堂者，日以千计，大揭通衢，将毁城隍庙，筑道友堂，毁学官，奉十字架。伊教大行、迂孔当废等语，又称劫数亦天主所造，长发兄弟们乃奉行劫运者也。衡州人多充当官勇，将来必遭屠戮之劫。若辈口可得言，吾民耳不忍闻。衡民与教民断无两立之势。

义愤所激，虽事涉专擅，而情可哀矜。恭逢大人下车之始，修明政治，整饬纲常。是用沥血合词，公恳作主云云。（见《朱香生杂记》）

张培仁按语：挖眼等事，如果获有实据，毁其屋，诛其人，实为必不得已之举。并可明告寰宇各国，共议其理，共正其罪。若冒昧为之，而不能得其实据，则转予彼教之口实。日来洋人恃强，渐有凌虐华人之势，未必非此等冒昧者激之于先也。（此稟语稍激，录之以志民风。）

当时，黄文琛站在清朝地方官府一面，在尽量不扩大事件的情况之下，尽可能为国人争取利益，其勇敢与智谋足资景仰。

（五）

黄文琛诗名极盛，曾被罗汝怀称道为"官职诗名两俱好"，被郭嵩焘称道为"南士能诗者无敢与先生比并"。

清孙雄《道咸同光四朝诗史》乙集卷一收录其诗，并有小传云："黄文琛，字海华，湖北汉阳人。道光乙酉举人，官至署湖南宝庆府知府。有《思贻堂诗》十二卷。"

民国徐世昌《晚晴簃诗汇》卷一百三十一"黄文琛十三首"有小传和诗评。

作者小传云："黄文琛，字海华，晚号瓮叟，汉阳人。道光乙酉举人，历官湖南候补知府。有《思贻堂》《玩云室》诸集。"

《晚晴簃诗话》云："海华以乙科官成均，改外为丞倅，洊历郡守，宦迹所至，山川风物之胜，简书期会之劳，悉于诗发之。古体胜近体，七古又胜五古，体制学眉山，长篇短什皆有浩浩落落之致，而字字必经洗炼而出，所谓'成如容易却艰辛'，异乎近世学宋诗者，以乱头粗服为能事也。"（钱仲联、傅璇琮、王运熙、章培恒、鲍克怡主编《中国文学大辞典》曾加以引用。）

民国杨锺羲也有三则诗评。

《雪桥诗话》卷十一："黄海华《与胡东谷书》谓：'今日事势，学士大夫无人不皇皇作衣食计，非天下之细故也。'此忧世语，非忧贫语。"

《雪桥诗话三集》卷十一："汉阳黄海华文琛《鹦鹉洲吊祢衡》云：'玩世无全理，临文徒悔心。'语有至理。"

《雪桥诗话余集》卷七："裕庄毅三度抚湘，十年督鄂，再平寇乱，讴思在民。黄海华《感赋》句云：'银枪彻队衙城静，却忆临边老大臣。'谓道光庚戌，庄毅剿新宁逆民李沅发事也，事详邓湘皋《金峰岭纪功碑》。其云：'踞床不语安能事，牵被蒙头可笑人。'盖指衡阳常南陔中丞。中丞自为翰林、御史及监司、廉访，勤于其官，以廉谨为穆相所称。咸丰纪元，自浙抚调湖北。二年，粤贼自岳趋武昌，围城久，彷徨行室中，且起且坐，默默不一语。城中捕奸细，多衡州人，见即搏颡长号，辄纵之去。或告以是未可信，曰：'吾乡人也，我识之，不我害。'十二月，贼数十人上城，守陴军士皆溃。自经，死事闻，谥文节。城中存饷银、米谷、兵仗、火药，皆充足，尽以与贼。海华《湘水诗》云：'自古褒忠谊，斯人何足论。不才甘偾事，一死亦孤恩。'此与癸丑陆沔阳死于寇中，许海秋诗所谓'勿谓帅亦死，死亦何重轻。勿谓官亦死，死不皆分明'，同一直笔。"（裕庄毅即裕泰，满洲正红旗人，他塔喇氏，道光间任湖南巡抚、湖广总督。《裕庄毅公家传》即宗稷辰撰稿。《金峰岭纪功碑》，见邓显鹤《南村草堂文钞》卷十一。）

清郭嵩焘评价尤高。《养知书屋集》卷五《黄海华先生〈玩云集〉遗诗序》云：

　　诗内原于性情，外通于政事。情感物而机应焉，而文之以言辞；声成文而音生焉，而申之以咏叹。皇古以前，文无传，传者独古歌谣，犹可推见其世，以知其治。是以文字之原，肇始于诗。《周官》以乐德、乐语教国子，兴导讽诵，诗之节也。盖自周世文盛之时，莅身课政以诗为衡，微恶贞淫于是见焉，而因以为法戒。则诗者为学，始终条理之事也。由汉以来，学士大夫下至委巷草野，莫不能诗。世愈变，文愈焕，而辞愈滥，得乎性情之挚者盖少。通知古今治乱之原，以措之事，抑又少焉。然则诗教愈昌，而所以名诗之旨，或将愈远而愈晦矣乎！海华先生，两湖诗人之杰出者也。始游京师，官国子助教，以诗名京师。嗣为同知湖南，南士能诗者无敢与先生比并，则以诗名湖南。其后官宝庆，官永州，屡摄县事典郡，凡为利于民者，靡弗举也，为病于吾民者，靡弗厘而正也。于是又益称先生能吏，不徒为诗者。夫苟知诗之旨，则康成氏所云源流清浊之所处，风化气泽之所及，一依于诗。迄于异世，诵而闻者，犹辨知之。妍媸得失之在身，形之为咏歌，沿之为兴革，谓诗与政之有歧分焉，非知诗者也。先生诗，手自审订刊行者若干卷，人知贵而重之矣。晚年以老乞休，大吏重倚君，不允所请。先生因吏为隐，徜徉容与，又十余年。哀辑所为诗四卷，曰《玩云集》，以自寓其意。嵩焘识先生久矣，自海外归，尊酒唱和，得数与焉。读其诗，睠怀朋旧，感伤时事，无苟作者，而一出于性情之正。所言皆有以内得于心，曲折以尽其意。其旁薄郁结，又若极其才力所极，而内自愍焉。常任意余，其辞即嵩焘崎岖海外，言之若甚有不适者，每为旁皇兴起，不能自已。然则先生为人，与其行政之美，其自得于诗也深矣。嗣君幼海刺史谨踵刻之，附先生前集之后。嵩焘为发明诗之为道之所由成，以见古今诗人弥纶天地而不敝者，其必有合于是者也。光绪十有四年岁在戊子春二月。

《玩云集》，道光十五年枣华书屋刻本误作《玩灵集》，正文同误，据《玩云集》卷首郭序径改。

黄文琛自己也曾为朱琦《怡志堂诗初编》写过评跋，从中可见他的诗文评判准则。

清朱琦《怡志堂诗初编》"评跋"载："汉阳黄文琛，诗凡八卷，根柢忠孝，出入风骚。言志纪事等篇，卓然为一代杰作。新铙歌体仿柳州，而雄迈过之，香山乐府以及茶陵、西堂、臧园诸人，更瞠乎后矣。表扬伟烈，慨想清芬，力主风骚，心殷家国。此海内不经见之文，必传无疑。"

而朱琦《怡志堂诗初编》卷七中，也有《题黄海华诗集后》诗4首，云：

编筏艰辛历海隅，零陵出守斡军符。
新诗字字呕冰雪，不要人传只自娱。

繁盛当时说汉川，十千美酒踏歌筵。
杨花乱落梅花尽，鹦鹉洲寒又一年。

巨鲤千斤百丈湫，一吟河水泪双流。
不因年少多轻薄，欲解明珠已自羞。

四门博士推韩愈，五字长城压左思。
除却南村疑与析，冯唐白首独深知。

可见朱琦对黄文琛的推重，也非泛泛。

黄文琛的诗作中，特别为人所称道的，是一首《秋驾》，咏的是清文宗咸丰帝为躲避英法联军，移驾热河之难。

清金武祥《粟香随笔》卷一评道："黄海华文琛《秋驾》诗作于庚申年，诗云：'秋驾昆仑疾景斜，盘空辇道莽风沙。檀车好马诸王宅，翠褥团龙上相家。剩有残磷流愤血，寂无哀泪落高牙。玉珂声断城西路，槐柳荒凉怨暮鸦。'"

清徐珂《清稗类钞》"咏文宗《秋驾》诗"一条也评论说："咸丰庚申，文宗驾幸热河，变起仓卒，诏天下勤王，讫无应者。汉阳黄文琛《秋驾》诗云……"

《秋驾》诗，见黄文琛《思贻堂续存》卷七。"根柢忠孝，出入风骚"，黄文琛确是这样的诗人。

（六）

黄文琛交游甚广，最有影响的，当属同治初，他与何绍基（蝯叟）、胡兴仁（恕堂）、王汝惺（敬一）、唐际盛（荫云）组成的"五老消寒会"。

清何绍基《东洲草堂诗钞》卷二十五有《癸亥冬至后，与胡恕堂、黄海华、王敬一、唐荫云为五老消寒会，十五日在吾斋为第二集，恕翁、海翁诗先成，次韵奉答》。

卷二十六有《黄海华见二十八日即事诗，惠贶新篇，次韵奉答》，自注："冬春间，与王敬丈、黄海华、胡恕堂、唐荫云为五老销寒会，荫云往鄂后颇觉岑寂，而近日蔡渔叟、邓厚甫、舒鹤槎、左景乔、熊雨胪、罗研生，次弟文燕未绝。"

卷二十七有《十月十二日约黄海华、胡恕堂、张东墅、杨性农、罗研生、李次青，小集吾斋，为消寒第一集，次青见示所辑〈国朝先正事略〉，感叹有作》。

卷二十八有《次韵和黄南坡新开蔬圃，时为题寒畦两大字》，自注："去冬与黄海华、胡恕堂、曹颖生、李次青、杨性农、罗研生、彭于蕃、张东墅诸君为消寒会，论史评文，诗事颇盛，惟君辞不至。"

罗汝怀也记载过消寒会以及浩园等会。

《绿漪草堂诗集》卷八有《十月十二日，嫚叟为消寒之会，会者胡恕堂、黄海华、张东墅、杨性农、李次青诸公，嫚叟有诗，中论次青所编〈先正事略〉，次韵奉和兼呈次公》。

卷十八有《三月廿二日，张笠丞、朱雨田招饮于浩园饯春，会者黄海华观察，暨熊鹤邨、杨性农、彭丽崧、李矞堂、朱香孙、王壬秋，主客凡十人》。卷八《叠前韵酬黄海华观察》并且评论黄文琛："官职诗名两俱好，殊惜从前唱酬少。"

黄文琛有关消寒会的唱酬，见《思贻堂诗第三集》。

此外可以注意的，是黄文琛与杨翰、嵇有庆的交游，均与永州相关。

黄文琛《思贻堂书简》卷五《与嵇伯润大令》第四通略云："留寓年余，频相过从，喜足下明白事理，凛然有节概。生平不藏人善，每与人言，辄首举也。"

黄文琛《后永州集》卷五《书简》载《与嵇伯润大令》一通，

略云："昨抵长沙，屡谒台司，婉陈年至力孱、不堪任使之状，坚不我应。顷复，再四恳请，始如暂尔回永度岁。池鱼笼鸟，不获遂丘樊江湖之思，奈何奈何！"

作为品阶略高的知府，黄文琛对嵇有庆的干练颇有好评。同时，作为一位"因吏为隐"的诗人，他也并不向嵇有庆隐瞒自己的退隐情绪。而在同治九年三月上巳这次拙岩同游中，二人的相随相伴应当别有纪念意义。

杨翰，字伯飞，号海琴，又号樗盦，晚号息柯居士，斋室名有褱遗草堂、浯上草堂、洗心斋、碑梦轩、浯上寄庐、铁缘斋、归石轩、愚园。直隶新城人，一作宛平人。道光二十五年（1845）进士，历官常德、沅州、永州知府，湖南辰沅永靖兵备道。著有《褱遗草堂诗钞》十二卷、《息柯杂著》八卷、《息柯白笺》八卷，又有《粤西得碑记》《归石轩画谈》《梦缘亭会合诗》《先德录》，合刊为《息柯居士全集》。

杨翰自咸丰八年（1858）至同治三年（1864）任永州知府。到同治十一年（1872），杨翰辞官辰沅永靖兵备道，游粤西，后奉母隐居浯溪，子孙落籍永州祁阳，足见他对永州的厚爱。

黄文琛与杨翰早在常德就已相识，但前后出任永州知府的经历，无疑加深了二人的感情。常德的杨彝珍等人、道州的何绍基等人，乃是他们共同的朋友，而杨翰的书法，也以酷似何绍基而闻名。

黄文琛《思贻堂诗续存》卷三《永州集》有《喜闻杨太守翰不日来郡》及《杨太守又不果来，替去无期》，有"消息遥传喜欲狂，得闲且自理轻装"句。《后永州集》卷一有《浯溪寄杨大弟翰》云："君构浯溪宅，我规愚溪屋"，"风流两使君，佳话潇湘续"。卷四《书简》有《与杨海琴观察》三通，第三通云："十月杪，护越南贡使赴衡，归经祁阳，迂道过浯溪，访息柯别墅，石磴荦确，霜红满地，不及款门，径造竹所，徘徊久之，率成一律。"

杨翰《息柯白笺》卷四《致黄海华》："一二年后，定返浯溪，与阁下玩弄水石，以娱暮年。"《褱遗草堂诗钞》卷十一有《舟中检海华前在常德赠诗，感旧次和》。卷六有《黄海华见余九日诗，枕上和一律，次韵奉答》，卷七有《在长沙浣垢禅林置酒，与黄海华话别，后海华寄诗，次韵寄答。海华亦守永，接踵十三年矣》《秋间黄海华去永顺郡，赠诗，冬后始和韵，却寄》。

大体上说，在咸丰、同治期间，黄海华与杨翰围绕永州的活动与交往，体现了湖湘士大夫在晚清之际最为活跃和最具特色的一个侧面。

（七）

最后需要提到的是，宋明以来，在永任职的文官中，曾经有4人曾留下以"永州"命名的诗文集。

一为《丁永州集》三卷，宋永州知州丁注著。

二为《唐永州集》三卷，永州知州唐珏著。

三为《钱永州集》八卷，永州知府钱芹著。

四即黄文琛《思贻堂续存》中《永州集》二卷，《后永州集》诗二卷，书简三卷，公牍一卷，词批二卷，共计十卷。

对于永州本土文化研究而言，这四部诗文集都具有重要的学术价值。但丁注、唐珏、钱芹的三部《永州集》已经失传，目前仅有清代黄文琛这一部诗文集完好无缺，并且卷帙又最为丰富，因此弥足珍贵。

杨翰《息柯遗草堂诗钞》卷十一有《海华生日，余集杜句为寿，酬以四绝》，其三云："永州前后都成集，句和篷窗墨尚斜。我纵虚舟任来往，他年老圃问山家。"自注："海华有前后《永州集》。"已点明了它的价值。

十四

重有念于斯土者
——嵇有庆零陵惠政考

序

大府修省志，檄下郡邑，重修之。零陵舊志，昌邑方君撰之，稽古綜覈，其書昌備。越明經略，定其志籍，出而訂讎，謂重有所謂。同治己巳冬，余由慈利縣調署零陵，適逢其事。令龍山劉君佐之代余編纂，凡論撰所出，有縣志以來。

零陵縣志序

穀然而負十五歲，吾正疆界，取其實以濟溝洫，高者方忻用有司之司，將之於吾身，土其人，蓋令有利矣，又勤之，以盡其地。地本不肥邑之田，竹桑方有。佳武，有不善者論此。英蓍則民代役焉。工竣，余纂之氣發。時山水有菁英之氣，則民代。閱時之，忍書之，無已。

廣勸農桑，備科而不成，可救歟，為我志之，而今日為何如也。先風之加焉，而以斯此志之後有志者有焉，若之何，而以其所也。設置義塾，雖田糴穀，于子又所安。明禮讓，敦孝悌，秀民者又。大義誠諸所，識則乾旱，則富自能行數十年。

零陵縣事稽山稽有慶撰。光緒二年丙子仲夏月，知零陵縣事稽山稽有慶撰。

光緒《零陵縣志》卷首稽有慶序

（一）

拙岩唐昭铣题记云：

> 同治庚午上巳，邑人唐仙农携子昭铣，陪太守汉阳黄公海华，邑侯无锡嵇公伯润，邑人赵司马旸谷、周太史子岩同游。
>
> 伯润夫子题词："仙农舍人翛然尘外，守拙林泉，庄襟老带。"

所说"邑侯无锡嵇公伯润"，即嵇有庆。

同治九年庚午（1870）这次游历拙岩，同行者共计6人：唐九龄、唐昭铣父子，知府黄文琛，知县嵇有庆，同知赵旸谷，以及周崇傅。除了观览拙岩以外，嵇有庆还单独为唐九龄题句，即"翛然尘外，守拙林泉，庄襟老带"，也被一并镌刻在拙岩石壁上。

嵇有庆，字伯润，号锡山，江苏无锡人，举人。

其祖嵇承群，父嵇文骏。嵇文骏，字步云，号春源，道光十二年（1832）举人，候选教谕，曾主讲济南书院30年，有《笔花书屋诗钞》二卷，同治九年嵇有庆刊刻行世。

嵇有庆于同治五年任慈利县知县，八年任零陵知县，十三年回任，十一年任衡山县知县。鉴定同治《慈利县志》十四卷，督修光绪《衡山县志》，主修光绪《零陵县志》十五卷，著有《办荒存牍》二卷，以及编纂无锡《嵇氏宗谱》八卷。

清光绪《零陵县志》卷六《官师·知县》："嵇有庆，江苏无锡，举人，同治八年任。""嵇有庆，同治十三年回任。"

清同治九年秋、同治十年冬、同治十二年秋、同治十三年冬《大清缙绅全书》零陵县："知县加一级，嵇有庆，江苏无锡人，举人，七年十一月调。"

清光绪二年夏《大清缙绅全书》零陵县："知县加一级，嵇有庆，江苏无锡人，监生，七年十一月调。"（"监生"误，当作"举人"。）

光绪《湖南通志》卷一百二十四《职官志》国朝，零陵县知县："嵇有庆，江苏无锡，举人，（同治）八年任。"

嵇有庆两度出任零陵知县，感慨深切，眷顾最多，见之于《零陵县志序》，兹录其全文如下：

同治己巳冬，余由慈利来宰零陵。时大府议修《湖南通志》，促郡县各献其书。是邑旧志，重修于嘉庆之初，距今且六十年。其间事迹，方有待于搜讨，甫下车未遑及也。越壬申春，乃与邑人谋之太守嘉定张公称龙山刘明经沛才，因驰书币招之，择邑中贤而能文者佐之。创议略定，余适调权衡山，而山阴徐君葆龄来代，凡志事之宜，若可供采访，若可任劝输，若可司笾钥、稽出纳之数，则皆由徐君主之。逮癸酉秋，余奉檄重来，问所谓志，乃得盈尺稿本焉。而剞劂之费无所出，有谓可续募之民者，笑谢之。而终不忍书之已成而一若未成也，乃别筹而急刊之。阅时工竣，余窃慰矣，顾重有念于斯土者。邑多佳山水，菁英之气发而为忠贞磊落者，代不乏人。而风俗或有不齐，则民瑶杂处也。重以户鲜盖藏，缓急无可为恃。论者谓民贫由于地瘠，其信然欤？今有十亩之地于此，惰者弃而不治，则不获半亩之利矣；勤者治其半焉，则能获五亩之利矣；又勤者尽其地而治之，吾未见有不尽十亩之利而获之也。地本不瘠，而以不尽力之故重诬吾地，地岂任咎哉？余观夫邑之四野，旷土颇多，诚先正其疆界，各辟其荒。高者树桑竹，衍者艺稻麦，不加赋而薄取其赀，以济地方之用。有司量其入，为之广积储，扩教育，乡置义仓，村置义塾，虽田家朴鲁子弟，无不使之略读书，识大义，明礼让之节，秀良者又从而成就之。则干旱水溢有所备，鳏寡茕独者有所养，民可使富，而风俗自可齐也。官斯土者，又安用补偏救敝为哉！果能行此，数十年后，有踵事是书者，秉笔而记之，视今日为何如也？是则余之厚望也夫！

光绪二年丙子仲夏月，知零陵县事锡山嵇有庆撰。

光绪《零陵县志》是在同治十一年壬申（1882）始纂、光绪二年（1876）刊刻的。刘沛序作于同治十二年癸酉，嵇有庆序作于光绪二年。署名黄文琛、张修府倡修（两人先后任永州知府），徐保龄、嵇有庆主修（两人先后任零陵知县），刘沛纂修（恩贡生）。

《零陵县志》在嵇有庆在任时开始编纂，当年他即调往衡山，而两年以后，在他回任零陵知县时，《零陵县志》已经编好，只等刊刻，却见文字中满是他的惠政。这不是虚誉，而是他的心力和实绩确实如此。

以下是相关记载：

光绪《零陵县志》卷一《地舆·物产》："永善堂置买义山四处，一在东关外竹林寺后藩王坟侧，又三处均在西山，竖碑为界。同治十一年，知县嵇有庆蠲俸置买文契，存永善堂。"

卷二《建置·公廨》："永善堂，旧设太和坊。总兵鲍友智等捐钱三千缗，为施恤、保婴诸费。同治十年，知县嵇有庆、教谕陈昙、训导左寿朋，暨绅王德榜、黎得盛、何若泰、唐仙龄、陶命胄、韩世昌、梁养源等，改建于丰乐仓故址。扩资二万余缗，以其息为恤嫠、育婴、发药、施棺诸善事，旧堂改设义学。"

卷二《建置·城池》："光绪元年，知县嵇有庆捐廉，修葺城堞百三十丈，缮完北城望江楼城身及北门之就圮者。自项及趾，各五丈有奇。正南起炮台一座，更筑各城门扇。用钱贰仟缗，交邑绅黎得盛、何若泰经手，不许丁书过问，以期钱归实用。又俱出自俸余，不书捐，不议罚以扰民。并以城隙荆棘蔓缘，禀请每岁十月由县佣工芟锄一次，著为令。"

卷二《建置·桥》："平政桥，在大西门外，即古黄叶渡……光绪元年九月，知县嵇有庆因桥朽，会同永善堂首士筹赀修造，计船三十号，并铁练、桥板皆新。又通禀各宪，将岁收一百一十千文，改归厘局经管。府县俱有案卷。"

卷三《祠祀》："蒋公祠，在千秋岭，旧有书院，祀汉丞相蒋琬，后废。咸丰元年，知县胡廷槐倡建祠。同治十三年，知县嵇有庆禀请归入祀典，春秋致祭。"

卷五《学校》："群玉书院，在南门内，县治之左，黄溪庙前。乾隆三十四年，知县陈三恪，集绅士捐赀买入营中废地创建。广二里许，门南向，正对群玉山，故名。内建堂二进，前为讲堂，湖广总督阮元额曰'香苓讲社'。左右横列斋房二十二间。再上为文昌阁、附阁、东西轩。缭以墙垣。庖湢毕具，前后杂植竹树。门外买置韩家塘，潴水养鱼。并捐置田租、典铺银两为师生修金、膏火奖赏，及给门夫、斋夫，兼修葺等费。每年馆师，由绅士推择，禀县关聘。生童由县考送，肄业以外，有愿从学者听。同治十三年，知县嵇有庆提出，县署征粮底串钱五百千，增山长修金、生童膏火。禀奉各宪批准，岁以为常。"

卷十二《事纪》："同治十三年，大旱饥。知县嵇有庆设转运局，禀免谷税，商船云集，米价转贱。又捐廉筹赀散赈，自十一月始赈，至次年二月止。"

嵇有庆还曾出赀重修明忠臣王兆熊之墓。

有学者曾说："王曼士，明大臣，奉命使蜀至永州，州城已为清兵所破，走福源山，后绝食以尽其忠，葬于永州市福田乡习细头村所属福源山中。墓现有封土堆，高 1.2 米，周长 13.5 米，圆形，坐南朝北。青石围筑的墓圈于 1976 年为福田公社拆走修电站。墓旁原有一亭，已废。墓前尚存墓碑一方，左刻'光绪二年知县嵇有庆改葬'，中刻'明御史王公曼之墓'，右刻'光绪十五年知县沈锡修砌立'。"（《永州古名人墓葬·王曼士墓》）

所说"王曼士""王公曼"均误，当是王兆熊，字念葛，号漫士。康熙《永州府志》、康熙《零陵县志》、道光《永州府志》、光绪《零陵县志》均有传。

嵇有庆参与了忠臣王兆熊墓的重修，前后参与其事的还有知府黄文琛、知县陈三恪、零陵贡生雷辉郢等多人（详见《黄文琛的政绩与诗名》）。

此外，光绪初，湖南授粮储道夏献云倡修长沙贾谊祠，《贾太傅祠志·捐修贾太傅祠题名附刻》载："零陵县知县嵇有庆捐银贰十肆两。"

如此之类惠绩甚多。

（二）

嵇有庆是在第一次零陵知县任上获得"大计卓异"好评的，事实表明这十五选一的比例确实没有虚设。

《清史稿·选举志六·考绩》："三载考绩之法……京官曰京察，外官曰大计，吏部考功司掌之。""凡京察一等、大计卓异有定额，京官七而一，笔帖式八而一，道府厅州县十五而一，佐杂、教官百三十而一，以是为率。"

《办荒存牍》二卷，作者署名"湖南零陵县知县锡山嵇有庆"。卷上第一折，时间为甲戌六月初六日，即同治十三年（1874），嵇有庆第二次出任零陵知县期间。

由《办荒存牍》的目录，即可看出嵇有庆为政的良苦用心及干练能力。

卷上目录：

《通禀米价甚昂，恐再不得雨，必致更贵，请批准察看情形开仓平粜》

《申缴抚藩宪排单》

《通禀筹办转运，请饬沿途厘卡免抽厘税，立请批准由永州厘局拨借银两，以资转运》

《久旱不雨，筹办转运，谕贫民各宜安分，听候拯救，不许藉荒滋事示》

《奉准免抽厘税，谕商民速即请领护票，转运谷米牌示》

《采买谷米护票》

《补种秋粮不许纵放牲畜践坏示》

《访闻四乡近有窃贼并形迹可疑之人，谕各团保赶紧严查驱逐，毋任逗留示》

《分派各乡绅士清查极贫、次贫户口，开单呈阅，以便酌予赈济谕帖》

《致各乡绅士速查附近贫农户口，分别开单缄送，以便核办启》

《禀抚藩厘局宪，现在极贫之户非平粜所能补救，请将永州厘局原买备荒谷石准归赈济支用》

《申缴批准动用厘仓存谷排单》

《致永善堂首事启》

《致各乡绅士启》

《禀抚藩宪变通赈济办法，并请发兵谷价银，仍委李令买谷来永备荒》

卷下目录：

《通禀赈事办有头绪，谨将示稿赈票钞呈，时届严寒，并声明买备棉衣施散》

《附示稿及赈票》

《附禀劝捐情形》

《谕贫民应否领赈统由县定其核删核减，各户口不得归怨绅士牌示》

《南乡唐公庙地方添设赈厂一处示》

《访问贩米各商私用小斛欺骗贫民，查禁后如敢仍前作弊，定行拘究牌示》

《谕潇湘庙、柳子庙两厂稍远，各赈户因雪阻到迟，准随时赴署补领示》

《禀抚藩宪以准发应领之款归并，现在剩余加赈一月》

《加赈一月牌示》

《商贩米船暗中克扣，特发出官斗并升各一件，买米者遵用较量，免被欺骗牌示》

《加赈之期务各携带赈票投候验收发钱牌示》

永善堂是嵇有庆在永州创办的一个具有现代意识的慈善组织，功能广泛，经营严密，理念超前。

光绪《零陵县志》卷二《建置·公廨》载有知县嵇有庆《永善堂纪事序》全文，内容如下：

零陵地多硗确，户鲜盖藏，穷民之无告者夥矣。道光初，鲍都督友智创建永善堂。四十年间，积皆万缗，并分其十之一兴义学，甚盛举也。予以同治己巳调任此邦，思所以扩充之。谋诸贤士大夫，皆欣然出家财助成之，于是捐金益饶。改造新室，举育婴、恤嫠诸事，扩其规制，并及种痘、舍药、施棺、寒衣、义冢诸大端，有余则又以养孤老废疾。先后捐赀，岁可得子钱三千余缗。予复请于上，提拨厘金局汇水一项，岁或三四百缗，或七八百缗，年终交堂绅济用。刊定章程，主于县学遴邑士之贤而能者襄之。岁暮，由县综核出入数，以互考焉。癸酉冬，予还自衡山，又以官中征收，所谓底串者，尽出之，以五百缗为兹堂恤养孤老之用，以五百缗为群玉书院修脯膏火之用，岁以为常。至是而善量渐广矣。是役也，积数十年而始成。其成也，亦非一人之力，在诸君子无所为而为，知作善而不有其善。不斩千金之布，转困厄而仁寿之，得毋顾之而心安乎？独是天下事不患无治法，而患无治人。盖不必其渔猎于中也。使历岁久而怠心生，怠心生而诸务弛，虽始基之甚难，而懵然不顾者，于良法何有哉！蒙滋惧焉，因又即诸君子之请，具详大府，咨部存案。夫而后事有统摄，"永善"之名因一郡之盛举而大著，尤欲后之人顾名思义，以利赖无穷焉。事既定，

衷其章程公牍，及契约出入之数，著于编，为《记事》二卷，
俾家喻户晓，昭然在人心目间，殆与予咨部立案之意互相发
明也。

《办荒存牍》中又记载着嵇有庆为赈济救荒写给永州乡绅的启
事。《致永善堂首事启》全文云：

启者：赈济事宜，全为四乡贫苦农夫起见。此次清查贫户，
凡不耕而食及游手好闲之人，均不必列入。盖事体甚大，赀本
太少，不能不节用也。计赈济经费，必须筹备二万串左右方能
足用。县署已倡捐钱三千串，又禀奉上宪批准动用厘仓存谷，
约可值钱四千余串，又经堂内首事捐钱一千串，统计不过八千
串，此外尚短钱一万串。城内虽尚有数家可向劝办，然所短甚
多，不能不向四乡富户筹办。查乡间殷实之家，虽偶遇歉收，
并无所苦，且捐赈是今冬明春最要紧之事，若不及早筹备，转
届严冬，老弱冻饿而死，固堪痛悯；少壮因饿滋扰，亦当预防。
是富户之捐赈，不徒救人，亦以自卫也。不佞忝任斯邑，前后
已经六年，平日之禁绝苞苴，此固人所共知，可以自信者。即
以地方公事而论，从不肯累及乡间，如两次劝办捐输，皆力请
停止。又如团练事宜，从前有一京员回籍，借团练之名肆行敛
费，亦破除情面阻止之，从未敢头会箕敛，有伤地方元气。再
如永善堂一举，乃邑中一大善事，只有城内诸君助成，并未请
乡下写捐。且现在筹办转运平粜谷米，共用二万余串，亦只县
署与在城诸君任之，更未谋及乡间。自问所以体恤乡间富户之
事，无微不至。今因筹办四乡赈济，初次向在乡富户启口乞助，
谅不至拂我所请。至其余中等富户，更不勒派捐输，任其量力
乐助。纵所助者只敷救活一人之资，亦所深愿。俗所谓救得一
人是一人也。或者曰："博施济众，尧舜犹病，何敢轻言赈济？"
然不佞私心自揣，只要清查户口，毋稍冒滥。合计一县之中，

极贫者总不过三五千户，二三万丁口。以所筹之数撙节支用，何至不能救活乎？抑更有说者，前在山东闻诸父老言曰：有一年黄河溃口，地方被水，官绅共筹赈济。正在无从下手，忽一授童馆蒙师鸠集门徒，得钱数十串，称欲办赈。众人无不哂其迂，蒙师曰："无笑为也。人之赈济，或赈一省、一府、一县，再或降而只赈一乡、一里，此皆赈事之最大者。我固不能，我且筹其小而近者。"于是就所居附近之邻居，查得贫户四五家，极贫之户三两家，照古法赈之，百日内竟赖全活。此真有心人也。倘能人人均如此存心，群相踵起，有十分之力尽十分，有一分之力亦尽一分，众力聚，自事易成矣。区区私衷，务祈代向助赈诸君子剀切劝导，不胜感祷之至。

再启者：四乡各处，不及分函寄致，特请贵堂将前函照缮多张，分寄四乡绅士，照信办理。至劝捐印簿，只此一本存在永善堂内，并无第二本印簿。出外写捐，此意尤须告知四乡。至劝捐、催捐、收捐，县署断不派差下乡追逼，亦不派号吏持名帖催唤，总恐或有扰累也。想乡间各富户皆当激动善念，源源来城捐助赈事，不患无成也。致各乡绅士启救荒之法，不外平粜、赈济两端。现已请人赴长沙买平粜谷米去矣。惟赈济一事，现无公款可挪，又不能冒昧上请，惟有各捐各乡，各办各乡，最为妙着，可免境有饿莩。然各捐各办两语，说之甚易，办之则甚难。首在得办事之人及出资之人。现请诸君子会议。

（三）

最后还要说到，嵇有庆能诗。

越南使节范熙亮著有《北溟雏羽偶录》，收诗 205 首，内途经湖南诗作 39 首。范熙亮（1834—1886），字晦叔，号鱼堂。进士，越南阮朝嗣德二十三年、清同治九年（1870）北使，任甲副使。

《北溟雏羽偶录》今存抄本两种，为范熙亮的北使诗集。范熙亮又有《范鱼堂北槎日记》，今存抄本一种，为范熙亮的使清日记，内容涉及路程、途中杂事、礼仪、交际、参观等。

去程经永州，范熙亮作《次零陵知县嵇有庆即事元韵》七言律诗一首。题下有注："号锡山，无锡人。就舟笔谈，归送书及诗。"原诗如下：

> 兰桡歇处接香衣，清绝晴波貌影肥。
> 琴爱广陵看尚在，材怜随季自知非。
> 骚吟近为湘流爽，雅意遥含楚水晖。
> 半夕云川横笔后，幽怀若傍苇轩归。

嵇有庆前往湘岸，于舟中拜访范熙亮，两人用汉文做笔谈。这首诗是嵇有庆首先写出，赠给范熙亮的，可惜现在只能看到范熙亮的次韵，嵇有庆的原倡一时看不到了。

十五

五湖烟水独忘机
——拙岩文化主题分析

作者与拙岩

（一）岩拙于潜，君拙于隐

拙岩位于零陵㵲滩沈家村，潜于湘江河岸，明清两代文人在此留下了30通题刻。道光《永州府志》卷二上《名胜志·零陵》载："县西十余里，㵲滩临江有巨窟，明正德壬申岁征士沈良臣尧夫始辟之，号拙岩，以拟柳氏之愚岛，有诗记，刻石多剥落，不能尽辨，皆前志所未列于名胜者也。"沈良臣字尧夫，效仿柳宗元而于㵲滩湘江岸开辟拙岩。

沈良臣谓："吾永山水之奇绝者，至唐有柳先生，守水若八愚、朝阳岩之类，皆搜简之，而群胜以显焉。吾欲得一丘一壑，如柳公之俊采者。"永州山水幽奇，唐元结于此开辟朝阳岩与浯溪，至柳宗元又有八愚。柳氏云："溪虽莫利于世，而善鉴万类，清莹秀澈，锵鸣金石，能使愚者喜笑眷慕，乐而不能去也。"故作《八愚诗》纪于溪石上，惜今不存。溪虽清秀而不为世人所知，唯使柳氏青睐，以辞歌之。柳氏得此溪，抑或此溪得柳氏，孰知乎？沈氏所愿，亦得一丘一壑如柳氏之俊采。山林之趣，古今皆好，故柳氏有八愚而沈氏有拙岩。

拙岩摩崖石刻中有《拙岩记》，记述了拙岩开辟缘由。记中有沈良臣之言："公之所暇日，偕一二僮，散步㵲滩江旁，得群石昂露于下，中一窟隐隐空通，首尾影映。而荆棘藤萝，芄然四塞，吾疑之必兽穴也。命僮秉斤锸缺隙，匍匐而入，即薙草伐木，而芜芟秽而焚之。岩之中，土曼不能立，更锸之畚之，掘去湮塞，遂夷然宽敞，朗然一岩洞也。吾喜之，扫涤布席，可坐二十余宾。吾又怪兹岩不擅于古，而沉隐于今日，号曰'拙岩'，类吾与世违也。愿一言记之，以垂永久。"沈良臣"追古慕奇，而得山林之趣"，偶遇江岸巨窟"隐隐空通，首尾影映"，故辟之。因此岩不擅于古而沉隐于今，类己之与世违，故命名为"拙岩"。拙岩"凌风霜而幽闲不华"，与尧夫默默而处，同有恬退之风度，岩之"亘古今而填凝不移"，与君岩岩而持，同具端正之丰采。岩拙于潜，君拙于隐也，皆拙而不拙。

　　清同治七年（1868），唐九龄与嵇有庆、周崇傅同游拙岩，并重修之，刻《重修拙岩记》于洞内。谓"余性拙，癖泉石，因避城市嚣，移家燕洞。适散步，经里许，旷览湘江，□□一岩窦，仅可入，上有篆刻'拙岩'字，□□明沈尧夫先生题。先生隐居不仕，守拙林泉，庄子所谓'大巧若拙'是也。余窃慕之，爰命工启壅塞，筑崩溃，安棋局，置渔矶，种竹植柳，构亭于上，刻八景诗于石。非博名也，用以质后之养拙者"。唐九龄因避俗尘，偶遇拙岩，慕沈良臣"大巧若拙"，故重修以质后之养拙者。

　　"大巧若拙"，巧与拙相对相通。周敦颐为政守拙、为人以拙，可谓深悟此道。其《拙赋》曰："巧者言，拙者默；巧者劳，拙者逸；巧者贼，拙者德；巧者凶，拙者吉。呜呼！天下拙，刑政彻。上安下顺，风清弊绝。"人多只知小机巧，而不知若拙之大巧之真巧。小巧之人贼且伪，拙者诚恳做事，倘天下多此拙者，则政亦通，人亦合。此文虽短，却引起了很多人的感慨。弘治《永州府志》卷二载："拙堂，宋零陵丞曾典建，以濂溪先生倅是邦，尝作《拙赋》，故名今址为卫治。"朱子《书濂溪先生拙赋后》曰："熹惟此邦虽陋，然往岁先生尝辱临之，乃辟江东道院之东室，榜以'拙斋'而刻置焉，既以自警，且以告后之君子，俾无蹈先生之所耻者，以病其民云。"此"拙堂""拙斋"皆后人慕周子守拙，因其《拙赋》而命名。拙岩之名，或亦有此意。

　　自周子以来，后人亦多以"拙"自诩，唐九龄谓己性拙即是也。拙岩石刻中有蒋鏊诗一首，云："治剧非真拙，分明摆脱尘。每哦周子赋，觉爽自家神。鸠养心中慧，珍收天下春。何时破机事，许我构西邻。"谓吟周子《拙赋》即觉神爽，还表达了蒋氏追慕圣人，愿与其为邻之思。水石无情，人有情，文人骚客过往游赏，品题刻石，给拙岩赋予了独特的人文色彩。

（二）征士与乡贤

　　沈良臣、沈良佐，零陵县人。一为征士，一为乡贤。

　　沈良臣，字尧夫，隐居乡里，故文献对其记载极少。尧夫著《拙岩集》，见于《湘崖集》。《湘崖集》为蒋鳌所著，今佚，尧夫之《拙岩集》亦不见。道光《永州府志》称沈良臣为"征士"，《拙岩记》称之为"征君"，"有学行之士，经诏书征召而不仕者，曰征士，尊称之则曰征君"。"征士""征君"指不接受朝廷征聘的隐士。"有晋征士，寻阳陶渊明，南岳之幽居者也。"此称陶渊明为征士。"征士""征君"之称，或以尧夫不仕，类陶渊明隐者之风。

　　沈良臣，从其名言，本当为辅佐君王之良臣，而今以西庄隐人自居，以征士留名于后。《老子》言："大成若缺，其用不弊。大盈若冲，其用不穷。大直若屈，大巧若拙，大辩若讷。"先生隐居不仕，正此"大巧若拙"也。"世人皆斗巧，沈老独输诚"，巧为机，诚是拙，西庄守拙去机，得山林之趣，独异世人。

　　沈良佐，字尧卿，号溪东，弘治壬子（五年，1492）举人，正德戊辰（三年，1508）吕柟榜进士，任南京户部主事、户部郎中、四川顺庆知府、江西副使、云南副使、广西左参政等职，颇有政绩，后归隐拙岩，祀乡贤。

　　隆庆《永州府志》卷十四《人物列传》谓尧卿"立心忠厚，行事光明"。雍正《四川通志》卷七上称其"延士论以苏民瘼"。同治《饶州府志》卷四《建置志·城池》载："六年，大水，城有覆者，兵备副使沈良佐议完之，后圮缮不一。"沈良佐为人忠厚，做事光明有己见，为官心系民众疾苦。这些记载从侧面反映了尧卿为政有惠绩。

　　沈良佐任广西参政时，曾与明代理学家王阳明共事。嘉靖六年（1527）五月朝廷起用王阳明，命其兼都察院左都御史，平广西田州之乱。嘉靖七年王阳明袭八寨断藤峡，破之。时沈良佐为参将，王阳明于八月二十四日有《批参将沈良佐经理军伍呈》，批文谓"看得五屯系远年贼巢要害之处，而备御废弛若此，正宜及此平荡之余，经理修复"。可知是批示沈良佐处理平乱之后事。

　　道光《永州府志》卷十五上《先正传·事功》云："沈良佐，字尧卿，零陵人。弘治初举人，正德三年进士，任户部主事，历官郡守，转副使，升广西左参政，为政平恕，所至有惠绩。归栖拙岩，以诗文送老，人皆贤之，祀乡贤。"

沈良佐为官之时"为政平恕，所至有惠绩"，归栖拙岩后"时有幽人共泛艖"，可仕则仕，可止则止。此心境，几人有？

（三）儒家之隐

1. 忘机：笑语忘机拙更欢

"机"同"幾"，有国家政务之意。《尚书》曰："无教佚欲，有邦兢兢业业，一日二日万幾。"身逢治世，才有所用，则勤勤恳恳，为民做事，这是古昔贤圣的追求。若天下无道，百般无奈，则隐则忘，是为忘机。

沿拙岩大洞口右侧石阶而下，行数十米，可见"忘机处"榜书，为唐九龄于清同治庚午年（九年，1870）题。后有周崇傅跋，曰："温飞卿《利州南渡》诗，有'五湖烟水独忘机'句，仙农意不在钓，暇以钓为寄，自题其处曰'忘机'，近乎道矣！"温飞卿即温庭筠，唐代诗人、词人。其诗《利州南渡》："淡然空水对斜晖，曲岛苍茫接翠微。波上马嘶看棹去，柳边人歇待船归。数丛沙草群鸥散，万顷江田一鹭飞。谁解乘舟寻范蠡，五湖烟水独忘机。"范蠡助越王成就霸业，而后归隐，可谓功成身退。诗人所愿，当亦如此。循范蠡之迹，不问人间事，徜徉于五湖烟水中。"忘机处"或即取此意。

"机"亦有巧之意，与拙相对，《庄子》云："有机械者必有机事，有机事者必有机心。机心存于胸中，则纯白不备。纯白不备，则神生不定。神生不定者，道之所不载也。"又"功利机巧必忘夫人之心"，有机心存于胸中，即逐渐趋于功利而忘本心，而离道渐远，故须忘机。机是繁杂俗务之由，唯忘机守拙方可得心之安宁。唐人诗中多忘机之语。骆宾王《咏怀》云"忘机殊会俗，守拙异怀安"，岑参《青龙招提归一上人远游吴楚别诗》曰"忘机厌尘喧，浪迹向江海"，刘禹锡《和乐天洛下雪中宴集寄汴州李尚书》谓"笙歌要请频何爽，笑语忘机拙更欢"，皆表达了诗人忘机远俗、守拙心安的愿望。古人今人，此心同，此理同，忘机守拙之意，亦同也。

2. 钓矶：闲弄溪云泛小艖

归隐乡野，寄情山水，其中必有一番独特的趣味。拙岩摩崖石刻中多此类描述。"诛茅结屋傍江涯，半顷畬田一水车。柳贯鲜鳞渔换酒，铛分活水仆煎茶。静闻花鸟哦新句，闲弄溪云泛小艖。此外风情多寡合，独容野老度年华。"傍江筑茅屋，田园水乡，鱼换美酒，活水煎茶，闲泛小舟，花香鸟鸣，满是诗意。"明月照怀吟好句，清风生腋试新茶。"月夜品新茶，此又有另一韵味。"茅亭舫月""流水鼓琴""芙蓉夹柳""鸬鹚随渔""仙矶垂钓""桐阴围棋""鸣莺求友""扫石题诗"，茅亭对月酌，鼓琴向流水，柳自葱郁，鸬鹚活泼，江边垂钓，对弈桐荫，莺鸣寻友，品题刻石，此拙岩八景，亦可谓八趣，此中真意，欲辨忘言。

"意钓非知钓，非仙却似仙。问津必有客，烟水渺长天。"一波江水，涤荡俗世繁扰，垂钓给人以随意安适的心境，足令贤人雅士留恋。"推篷坐，闲把长竿料理。不让志和烟水。投纶钓得锦鳞来，步月前村沽醑。"此闲，谁得？此喜，谁获？

3. "有道则见，无道则隐"

意钓非钓，以钓为寄，似隐非隐，以隐待时。古有姜太公垂钓的故事，其钓非在鱼，在周文王也。出仕与否一方面在世道，另一方面在隐者之自由取舍。天下昌明，则积极入世，施展才华；天下无道，则韬光养晦，等待时机。古代圣贤审时度势，若世道衰微则隐于茫茫人海，此即孔子所说："笃信好学，守死善道。危邦不入，乱邦不居。天下有道则见，无道则隐。"可以仕则仕，不可仕则隐以待时，此儒家之隐。儒隐是一种人生选择的权变，是孟子"得志，泽加于民；不得志，修身见于世。穷则独善其身，达则兼善天下"的智慧，不同于追求精神绝对自由的道家之隐。

上好德则下不隐。《明史》载正德时朝纲紊乱，明武宗"耽乐嬉游，昵近群小，至自署官号，冠履之分荡然矣"。上不好德，则隐逸之风盛行，拙岩多隐思之句，或受此影响。

（四）拙岩、朝阳岩、浯溪、愚溪

零陵古多奇绝之地，既有自然景观，亦有人文景观，其独特之处在多自然、人文相融合之景观，若朝阳岩、浯溪、愚溪之类。今见拙岩，知此人杰地灵之地又添一绝境。

朝阳岩与浯溪皆唐代元结所辟。元结，字次山，生于开元七年（719），卒于大历七年（772），曾两任道州（今湖南永州道县）刺史。元次山"雅好山水，闻有胜绝，未尝不枉路登览而铭赞之"，游则有铭，铭则有刻。其居道州之时，遍寻水石，逐一作铭而赞之。后历代皆有文人来此吟咏抒怀，扫石题诗，潇湘水石名闻天下。此可谓开创了湖湘的水石文化。

朝阳岩是潇水西岸的石灰岩溶洞，永泰二年（766）年冬，元结自任所赴长沙计事，水路经零陵，发现朝阳岩，以其东向，遂以朝阳命之。其《朝阳岩铭》序云："永泰丙午中，自春陵诣都使计兵。至零陵，爱其郭中有水石之异，泊舟寻之，得岩与洞。此邦之形胜也，自古荒之而无名称，以其东向，遂以朝阳命焉。前刺史独孤愐为吾剪辟榛莽，后摄刺史窦泌为吾创制茅阁，于是朝阳水石，始有胜绝之名。已而刻铭岩下，将示来世。"此后历代名贤过往游赏，题咏不绝，朝阳岩遂成为著名的摩崖石刻景观。

唐大历二年（767），元结两任道州刺史，由衡阳至任途中暂留祁阳，因爱浯溪水石，作传颂后世之"三吾铭"，并刻于浯溪石上。《浯溪铭》曰："湘水一曲，渊洄傍山。山开石门，溪流潺潺。山开如何？巉巉双石，临渊断崖，夹溪绝壁。水实殊怪，石又尤异。吾欲求退，将老兹地。溪古荒溪，芜没盖久，命曰浯溪，旌吾独有。人谁游之，铭在溪口。"大历六年，元结已去官移居浯溪，请颜真卿书《大唐中兴颂》于浯溪崖壁，世人因其文奇、字奇、石奇，而称之为"摩崖三绝"。浯溪本是潺潺涓流，得元结而后为一人文胜地。

柳宗元命其所好之溪为愚溪，并傍溪而居。柳氏在《愚溪诗序》中曰："夫水，智者乐也。今是溪独见辱于愚，何哉？盖其流甚下，不可以溉灌；又峻急，多坻石，大舟不可入也；幽邃浅狭，蛟龙不屑，不能兴云雨。无以利世，而适类于余，然则虽辱而愚之，可也。宁武子'邦无道则愚'，智而为愚者也；颜子'终日不违如愚'，睿而为愚者也，皆不得为真愚。"柳氏以此溪无用以利世，类己之愚，而称之为愚溪。然愚有"智而为愚者"，有"睿而为愚者"，非真愚也。

人感知自然之美而有所创兴，遂使自然景观转化为人文景观。古昔贤哲磨石题刻，令沉寂之水石灵光满溢，流芳无穷，可谓承载其人文主题。拙岩、朝阳岩、浯溪、愚溪皆清胜幽绝，此自然之奇异，同也，所不同在其各自的人文主题。此四者能历经岁月沧桑而盛传不息，皆本于此。"浯溪石刻以颂扬中兴大业为主题，古人谓《大唐中兴颂》'与日月争光''灿烂金石，清夺湘流'。朝阳岩旧有寓贤祠，其主题则为'寓贤'。"《大唐中兴颂》赋予浯溪碑林"忠义"的主题，寓贤祠令朝阳岩有"寓贤"的主题。智而为愚、睿而为愚，愚溪的主题可谓"愚而不愚"。拙岩石刻多山林野趣之句，又忘机守拙之思，窃以为其主题乃"隐逸"，为儒家有道则见，无道则以待时之隐。"忠义""寓贤""愚而不愚""隐逸"，此人文之德业零陵皆备矣！

今吾辈借奇绝之水石以寻先贤之踪迹，幸矣！

关于拙岩摩崖石刻文物保护的意见书

永州市人民政府，永州市文物处，永州市零陵区文物管理所：

新发现的拙岩摩崖石刻群，位于零陵区境内，湘水江畔，周边环境风景秀丽。拙岩石刻群形成于明代弘治、正德年间，延续至清代同治、光绪时期，上限距今已有 520 年之久。我们经过实地考察，发现摩崖石刻共计 32 幅，属于较有规模的石刻景群。

拙岩摩崖石刻群具有自身独具的特点：

一、拙岩摩崖石刻群是最近新发现的重要文物资源。拙岩摩崖石刻群于 2014 年 1 月由湖南科技学院国学研究所师生首次开始正式考察，首度予以学术研究，陆续发表学术成果。在此之前，学术界、文物界对此几乎没有任何正式的记录和研究。

二、拙岩摩崖石刻群开创主体的本土性。永州其他摩崖群均由流寓人物所开创，而拙岩摩崖石刻群的形成和延续与此不同，是由永州本土乡贤沈氏兄弟以及唐九龄、周崇傅等人开辟和重建的，他们都是永州本土名贤。沈氏兄弟与明代著名大儒王阳明为同僚，而周崇傅则是蘋洲书院的首任山长，据调查，拙岩所见周崇傅石刻手迹是迄今发现的唯一书法作品。

三、拙岩摩崖石刻群的文学性。拙岩所保存的 32 幅摩崖，有 20 余幅为诗词作品，相当于通过石刻保存了明清时期久已失传的一部《拙岩集》。唐九龄行书小楷的《拙岩八景诗》既是难得的文学作品，又是珍贵的书法艺术。

就以上特点来看，可知拙岩摩崖石刻群具有重要的文物、文献价值，是独一无二、不可再生的历史文化资源。永州虽然摩崖石刻众多，有浯溪、澹岩、朝阳岩、阳华岩等被列入全国重点文物保护单位的石刻景群，但是拙岩摩崖石刻却是一个独特的类型。

然而拙岩的文物保护还有不少缺漏。在 2014 年 1 月以前，石刻上已发现一些近年发生的人为的凿痕，以及红色铁粉的画框。至本月，又发现石刻上增加了红色和绿色的油漆画框，周边环境也有人为扰动的痕迹。石刻状况堪忧，如果缺乏管理，可能会造成不可挽回的损失。因此，我们建议有关部门能在现有机制下，对拙岩加以有效保护。

我们对拙岩的考察和研究仍在进行之中，拙岩的全部价值尚待研究后得出较为准确的结论。为此，我们也希望在文物管理保护的前提下，使得正常的学术研究有序开展，为更好地研究永州历史文化、宣传永州古城名城形象，发挥出积极作用。

后　记

　　这本书从无意中看见网友微博发帖，到踏查考证成书，颇有些奇特之处。

　　拙岩最初发现，是我在网上看见一则驴友游览"蘋洲书院—拙岩—怀素故里"的帖子，里面附有很多照片，使得"拙岩""周崇傅"这些词汇迅速留在了记忆深处。于是，在2012年国庆假日的最后一天，约上傅宏星老师一同前往寻找。

　　拙岩的寻找并非想象中的容易，我们一早骑电动摩托车从零陵出发，路过曲河大桥，赶往冷水滩蔡市镇，经潇湘古镇（老埠头）到达怀素故里（岐山头）。潇湘古镇一排排古商铺，或为米行布行，或是酒肆客栈，彰显了往日的繁华。而岐山头村仍不乏后人纪咏怀素的遗迹，文秀塔矗立依旧，洗砚池流水淙淙，见证其"振宇宙大名"的声誉。就这样一路边走边问，走走停停，与文人行旅一样，环绕潇湘，路上在农家充了好几次电，还在雨后泥泞小道上摔了几次跤，到达零陵时已经是晚上九点，颇有些失落。此后，我们经常穿梭于这条乡间小路，希望能寻找到拙岩，但却一直没有找到。

　　有时候世界真的很奇妙，过了两个月后，李花蕾老师问我是否知道拙岩，因为杨金砖处长曾提起过这个新发现的岩洞，并邀请一同前往。我们迅速比对了在网上流传的唐九龄石刻照片，查了一些文献，也看了一些石刻图片，脑子里有了初步印象，于是决定乘柴油船去寻找。从蘋洲书院逶迤而上，山环水绕，或崖壁高峻，或逶迤连绵，风景宜人。不知是冬季水浅，还是机械船太旧，行走了一半的路程，被告知船会搁浅，百般无赖，我们又原路撤回。

　　寒假后的一天，我们找到了永州文博专家杨宗君老师，希望能得到他的帮助，杨老师很爽快地答应了，并驱车带我们来到大夫庙村。大夫庙村是一个典型的空心村，路上偶见老人在田里耕种，但一路不断有鸡鸣狗叫。穿过农舍、田地、树林，到达湘江岸边。江岸仿佛是世外桃源，和想象中的不大一样，水流冲击，岩礁突兀，形成天然的石壁，仿佛是远离尘嚣的另类风景。岩洞对面为鸟沙洲，天然豁达，鸢飞鱼跃，基本保留了明清时期最初的样貌。从岩洞下来即可看见唐九龄与周崇傅、嵇有庆等人游历拙岩的记事碑及《拙岩八景》等，书刻精美，保存完好。沿江边石礁而行，终于找到"忘机处"，周崇傅跋文引用的是温庭筠《利州南渡》的诗"五湖烟水独忘机"，寓意来到这里，感受潇湘，可以忘却心机、忘记忧愁，这是何等情味！

于是，我们以拙岩摩崖石刻为题迅速申报了学术项目，开展研究。拙岩石刻从文献的角度看，仅在道光《永州府志》、光绪《零陵县志》提到濮滩、沈良臣等地名与人名，尚未见诸文献著录石刻内容。因此，我们一方面利用拙岩离市区不远的优势，经常往返于濮滩，寻访、搜集石刻、家谱等文献史料，一方面抓住点滴时间处理混杂的石刻文字，撰写专题论文。在体例上融合众长，在文献上广征博引，利用历史文献、族谱与石刻史料的比勘，考证刻石的各种问题，希望能最大程度呈现拙岩的人文内涵。

随着近年对摩崖石刻的关注增多，拙岩已成为一个充满诗意的空间。近年来，永州市正在规划潇湘二水间修建"潇湘文化旅游度假区"，拙岩也将被打造为核心景区，越来越受到人们的关注。

岁月不居，岩洞的发掘至今已有 8 年，我也离开了寓居 15 年的潇湘。本书经过多次增补修改，将最原始的石刻片段，整理成册。即将出版，不免感慨丛生。张京华教授的鼎力相助，包括文字识别、主题选择、论文写作等，都付出了大量心血。张教授匡我不逮，借拙岩让我进入摩崖石刻的研究，各种支持、信任感激于心。感念之余，也是我个人对石刻研究蹒跚足迹的纪念。

周欣

2022 年 7 月于郴州湘南学院

图书在版编目（CIP）数据

湖南拙岩摩崖石刻 / 周欣著. —北京：商务印书馆，
2023

（潇湘国学丛刊）

ISBN 978 - 7 - 100 - 23082 - 7

Ⅰ.①湖… Ⅱ.①周… Ⅲ.①摩崖石刻 — 湖南 —
文集 Ⅳ.①K877.494-53

中国国家版本馆 CIP 数据核字（2023）第185611号

湖南拙岩摩崖石刻

周 欣 著

商 务 印 书 馆 出 版
（北京王府井大街36号 邮政编码 100710）
商 务 印 书 馆 发 行
苏州市越洋印刷有限公司印刷
ISBN 978 - 7 - 100 - 23082 - 7

2023年11月第1版 开本 640×960 1/16
2023年11月第1次印刷 印张 17¼
定价：108.00元